スピリチュアリズム

苫米地英人

スピリチュアリズム　目次

第二章

スピリチュアルの誘惑

第三章

究極のスピリチュアルはオウム

第四章

脳と心とスピリチュアル

はじめに

真実のスピリチュアリズムとは

最近、宇宙に広がる暗黒物質《ダークマター》のことが話題になりました。重力レンズ効果などによって分布が明らかにされたからです。でも、大宇宙の起源やからくりを想像すればするほど何だか不思議な気がしてきます。そしてつくづく「人間は実にちっぽけな存在だ」と思えてきます。実は、この惑星「地球」に私たちが生まれたことには深遠な意味があるのではないか、つまり「人間の意識と宇宙の心は繫がっている」「一人ひとりがちっぽけな存在ではなく何かの目的を持って生まれてきている」のではないかという思いです。この宇宙のどこからかはわからないが、ある種のメッセージが何らかの形で伝えられていて、自分の内なる何かを研ぎ澄ませていけば、そのメッセージを受け取れる可能性があるのではないか。「見えない何か」と私たちは本当は繫がっているのではないかという思い——それが広い意味でのスピリチュアリズムです。

スピリチュアリズムあるいはスピリチュアルの雰囲気を好む人たちは、老若男女を問わず、最近、私の周りに多くなっています。

スピリチュアルとは、何か気高くて、気持ちのいい感じがする言葉です。何か自分が崇高なことと関わっていて、しかも自分の人生にとっても役立つことが起きるような予感がし、気分が高揚します。私のこの本は、現代日本におけるスピリチュアリズムまたは、スピリチュアルとか言われているものを解き明かしたものです。

　二一世紀のこの世界で展開しているスピリチュアリズムとはいかなるものなのか、正面から考え直した人は私の知る限りいなかったはずです。また、きちんと解説した人もほとんどいませんでした。機能脳科学を中心とした科学的知見や、さまざまな宗教的な現実を体験している私がこのような本を書き記すのは、これこそ「定め」かもしれません。

　現在、日本は空前のスピリチュアル・ブームで、代表的な人物は江原啓之氏です。彼の著作を読んだり、『オーラの泉』を見ている人も多いでしょう。丸っこい顔をした、愛嬌のある人物です。最近『オーラの泉』の視聴率は落ち始めましたが、いまだ人気番組と言っていいでしょう。彼ばかりでなく、色々な霊能者たちがテレビに出演し、お茶の間の話題となっています。江原さんを批判する雑誌記事の大半が、もの凄く細かいアラ捜しをして酷評していますが、私にはそれが江原さんの本質をよく理解したうえでの批判とは思えません。皆さんは、真実のスピリチュアリズムや真実の江原さんを、私のこの著作で初めて知ることになると思います。

　この本では他にも映画『リング』『らせん』などの「貞子」として認知が広まった、福来友吉助教授による「透視と念写」実験の話も扱います。「千里眼事件」と呼ばれたこの変事は、日本の心霊主義、いわゆるスピリチュアリズムのひとつの先駆け的な出来事でした。私には、この事件が起きた明治末期と比べても、現在の日本人の心霊現象に対する反応はあまり変わっていないように感じます。

「科学では証明できないものがある。透視や念写、心霊体験などのいわゆる超常現象は、少なくとも現在の科学の水準を超えるものであり、未来において証明されるのではないか」といった考え方です。このような考え方がさらに広まるきっかけとなったのは、言うまでもなく七〇年代のテレビ番組であり、最も影響力があったのは、日本テレビの木曜スペシャルです。最近、再びCMにも登場したユリ・ゲラー氏は、スプーン曲げで当時のお茶の間の話題をさらいました。その頃の人は皆、一家でテレビを見ながらスプーン曲げをやった経験があるはずです。まだテレビがお茶の間にあった時代です。

また、同じ木曜スペシャルの人気番組として、「空飛ぶ円盤」がよく取り上げられました。未確認飛行物体＝UFOと呼ばれるものです。自然現象の見間違いであったり、米軍の新型戦闘機だという説明以外に、宇宙人の乗り物だとか、未来からのタイムマシンであるとかといった説も多くの人に信じられています。また、宇宙人に誘拐されたという記憶を持つ人たちも登場し、映画の題材にまでなっています。このUFOと、霊魂やカルマや輪廻転生など広い意味でのスピリチュアリズムが実は関連していることを、この本で皆さんにご説明しようと思います。

そういえば、今の日本のスピリチュアリズムを代表する知識人は、間違いなく中沢新一氏でしょう。最近、今をときめく爆笑問題の太田光氏と、『憲法九条を世界遺産に』という新書を出してベストセラーとなりました。また、『アースダイバー』などの著作も売れ行き好調ですし、『ぼくの叔父さん』というタイトルで故網野善彦氏の思い出を書いた新書は、読書界に好意的に受け止められました。私が今回、自分の著作物の中では初めて、この中沢新一氏のスピリチュアリズムを根源的な視点から取り上げることにしたのは、スピリチュアリズムをよくよく理解するうえで、外すことができないと思ったからです。『洗脳原論』が、洗脳という事象を理解するうえでの基本書になったのと同じく、スピリチュアリズムとかスピリチュアルを語るうえで、この著作がまず読まれるべき本になるはずだと私は確信しています。

二〇〇七年七月七日

苫米地英人

第一章

スピリチュアリズムは「霊的真理教」

スピリチュアリズムの歴史

「スピリチュアリズム」とか「スピリチュアル」という言葉はいったいどういう歴史的経緯の中で始まったのでしょう。話は一九世紀に遡《さかのぼ》ります。

一八四八年三月三一日、アメリカのニューヨーク州でポルターガイスト（騒ぐ幽霊）、不気味な音が鳴るラップ現象が起きてフォックス家のマーガレットとキャサリンという八歳と六歳の姉妹と霊との間に交信が発生し、大騒ぎになりました。姉妹の質問に、鳴らす音の回数で霊は応答します。二人の姉妹の不思議な能力を見ようと大勢の見物人がフォックス家に押しよせました。それ以来、霊界との交信が「交霊術《チャネリング》」と呼ばれるようになり、これをもって近代スピリチュアリズムが始まったと言われています。評判になったフォックス家の姉妹は、死者の霊と人間が交信するのに欠かせない霊媒として数百回もの交霊会をアメリカ国内で行うようになります。しかし、ラップ音は実は姉妹の足の関節を鳴らしたものであり、また古い木造の家では軋み音が出るのはあたりまえの話でした。

しかし、事件はアメリカ全土に報じられ、わずか数年間で、何らかの方法で霊との交信ができると自称するスピリチュアリストの数も激増します。その頃ヨーロッパでも霊界との交信がブームとなり、イギリスの熱心な心霊研究家たちがスピリチュアリズムの協会を作っていくという流れになります。

スピリチュアリズムが、一九世紀後半の特にイギリスを中心に発展してきた理由は、「鬱屈した社会状況の中で抑圧されていた下層階級の不満がたまっていた」という経済的背景がよく言われますが、私はむしろ、イギリスという国ではキリスト教会による社会への影響力が意外と緩やかだったというところに主因があると思います。これがたとえばイタリアなどのカトリック信仰の強固な国だったら絶対無理です。スピリチュアルのような異端的なものを許さないからです。

「科学的すぎる」英国心霊現象研究協会

さて、イギリスの心霊学の研究会は、ＳＰＲ（The Society for Psychical Research）つまり、**心霊現象研究協会**として一八八二年にケンブリッジで設立されました。初代会長にはケンブリッジ大学哲学科のヘンリー・シジウィック教授が就任しています。

心霊現象や超常現象の真相を科学的に研究することを目的とした協会は、設立された直後からスピリチュアリストたちの言動が詐欺であり欺瞞であることを暴き始めました。当初はテレパシー・催眠術それに類似の現象・霊媒・幽霊・交霊術に関係した心霊現象の実体を見極めようと研究していましたが、数年後にはその嘘（トリック）を積極的に暴く方向に特化していったのです。「本当の」心霊現象を追究したいという思いが、結果として非科学的現象を排除していきます。結局、設立されてから数年で嘘暴きの団体になっていったわけです。実際、その後入会した人たちの顔ぶれを見ると、数学者や科学者系の人たちが多い団体になっていました。SPRには、タリウムを発見した英国の物理学者クルックス、フランスの哲学者ベルグソン、『不思議の国のアリス』の作家ルイス・キャロル、心理学者のユングやシャーロック・ホームズで有名なアーサー・C・ドイルも加盟していました。しかしドイルは、ドイツ神智学協会のトリックを暴くなど、この団体が心霊暴きばかりすることを「科学的すぎる」と批難して脱退してしまいました。

晩年のドイルが交霊術で死者との交信にのめり込んでいったことは有名ですが、ドイルがSPRを辞めてかわりに活動したのがSAGB[*1]つまり、**英国スピリチュアリスト協会**という団体でした。そして、現在そのSAGBに加盟しているのが江原啓之氏です（江原氏は自身の公式サイトで「私も（SAGBの）会員です」と書いています）。一九九〇年一月以降、江原さんは六年間の間に計九回イギリスに通って勉強していた（『スピリチュアルな人生に目覚めるために』より）らしいのですが、彼のスピリチュアリズムには、いわゆるニューエイジの要素も入っています。

まず現代のスピリチュアリズムというのは、実体的にはアメリカ、カリフォルニアのニューエイジ思想そのものです。イギリスのニューエイジでもありますが、実は逆輸入なんです。「スピリチュアリズムはイギリスがオリジナルなんですよ」と言われると、皆、「あ、そうかもしれない」と思いがちですが、現代のスピリチュアルは実のところアメリカのヒッピーの創造で、それをイギリスがもう一回復活させたものと言っても過言ではないでしょう。もちろんニューエイジ思想がヨーロッパに元々の起源を持つことは事実です。歴史的にはヒトラーが心酔したドイツの神秘主義（一九五〜一九六頁参照）などから始まっています。系譜をたどれば圧倒的にヨーロッパがスピリチュアルの伝統を継承していますし、中でもイギリスにはスピリチュアリストが大勢います。とは言っても、現在のイギリスのスピリチュアリズムはカリフォルニアでニューエイジと共に流行ったスピリチュアリズムの影響を強く受けています。つまりスピリチュアルの起源はヨーロッパにありますが、現在のスピリチュアルはほとんどアメリカでドラッグをやっていたヒッピー・ムーブメントから始まっているわけです。そこに後からいろんな理屈をつけて、おそらくはイエス・キリストの時代まで起源をたどっていこうとしているわけです。

いずれにせよ、一九世紀後半からイギリスで起こったスピリチュアリズムがいろんな形で繋がってきて、それが日本にも伝播したのが明治時代です。その頃起きた有名な事件が「福来友吉助教授と千里眼」の話でした。

日本に伝わったスピリチュアリズム——福来友吉助教授と千里眼

実は、日本が欧米化を受け容れた「文明開化」の時期と、イギリスを中心としたスピリチュアリズムが日本に伝えられたのは同じ頃です。

世間を大きく揺るがせた「福来助教授と千里眼事件」は、一九一〇年（明治四三年）、当時東大助教授だった福来友吉が、「千里眼」の能力を持つと熊本で評判になっていた若い女性・御船千鶴子に透視実験を行って「千鶴子嬢には透視能力がある」と発表し、続いて、香川県丸亀の千里眼能力者・長尾郁子の実験でも念写現象を確認したという事件です。ちなみに日本全国で千里眼実験ブームが起きたこの年、各地で失せ物の在り処や失踪人の居所を教えたり、見えないように遮蔽された物の中味を言い当てるといった霊能力者と称する人たちが現れ、その実験の様子を新聞や雑誌がこぞって取り上げていました。

鈴木光司原作の映画の『リング』『らせん』に登場する「貞子」は、福来助教授が被験者にした実在の女性がモデルです。実際に彼は透視実験や念写実験を何人もの女性に行ないましたが、最後の一人が貞子のモデルになった女性です。念写できるかどうかは別として、念写と同じようなことは、Ｍｒ・マリックだったら余裕でやってのけるでしょう。手品師にも簡単にできることなんです。

福来友吉助教授は東大物理学教室で「透視も念写もいかさまだ」と徹底的に批判されました。透視をさせる実験物の鉛管がすり替わっていたり、公開実験をしたときの写真のフィルムが入れ替えられていたとかいろんな噂があって、極めて疑わしいと言われながら、その真相はうやむやになっています。

念写写真というのは、言わばロールシャッハ・テスト（インクのしみが何に見えるかによって被験者の人格を解釈する投影法）みたいなものです。最近も某民放テレビ局が「亡くなったお母さんの霊を見る」ということをバラエティ番組の中でやっていました。被験者の背後からライトを当てて目の前に巨大な鏡を置き、鏡に向かって「お母さん、お母さん」と呼びかけさせて、被験者が泣くわけです。それで「お母さんに会えた！　素晴らしいね！」なんていう番組です。あれもロールシャッハ・テストとまったく同じ原理です。暗いところで光をあてて鏡に向かうと、自分が動いているわけだからどんな映像だってゆらゆら揺れて見える。そのとき意識させずにどのようにでも写し出すことができるわけです。念写も同じことです。しかも一九一〇年当時のフィルムで、品質もよくありませんし、カメラも完全に紫外線をシャットアウトできないものですから少しは感光してしまいます。すると写った画像にはいろんな模様が出てくるはずです。そんなことはいくらでもありうるのに、それを心理的に「見えた」と思うわけです。そして学者が「これは凄いものが写ってる」と論文に書いてしまう。私に言わせれば、あなたにはそう見えたんでしょう、というだけの話。また、福来助教授の場合には、文字などがあまりにはっきりと写っているものもあって、逆に信憑性を失っているものもあります。この事件が元で、福来は後に助教授の座を追われたのですが、それに対して同情的にはなれません。要するにミイラ取りがミイラになっただけの話です。

催眠現象のメカニズム

実は福来助教授の錯覚は、催眠術師のよく起こす間違いと同じです。催眠術師が催眠をかけたときは、術者本人も深い**変性意識状態**に入っているという事実があまり知られていません。つまり、変性意識状態は被験者が眠っている状態になるだけではなく術者も変性意識状態に入ってしまうという事実です。ところが、そのことを知らずに催眠術をかける人がいるから問題なんです。かけている自分が変性意識状態に入っていることがわかっていない。それはおそらく催眠学校の教師たちでもわかっていない可能性があります。

催眠術の世界では、トップレベルの人たちは緊密なネットワークを持って互いに具体的な情報交換をしています。「この有名人は被暗示性が低いからやらないほうがいい」とか「この被験者は心の病気だからうかつに催眠をかけてはダメ」といった被験者に関する情報をやり取りしているわけです。その情報交換の中で、催眠がトラブルを引き起こしたという話をよく聞きます。そういうトラブルがなぜ起きるのかという理由を、実は催眠術師もわかっていない場合が多いんです。催眠は同調現象ですから、お互いがひとつの臨場感空間に同調しているわけです。だから、相手が深い催眠に入っていれば術者も深い変性意識状態に入っています。多くの人は術者が被験者に一方的にかけるものだと思い込んでいるようですが、催眠をかける側が清明な意識を保てない場合も多く、トラブルになる場合があるのです。福来助教授の問題はその可能性が高いと思います。

被験者が「千里眼」をやれるほどに深い変性意識状態にある時は、福来氏自身も極めて深い変性意識状態にあるわけです。だから、霊も「見れ」ば宇宙人も「見る」わけです。変性意識状態で書かれたような福来助教授の論文(「透視の実験報告」)を読んで、それが真実かどうかなんて論議することじたい、最初から意味がありません。

福来友吉は「透視・念写事件」から三年ほどして、東京大学助教授の地位を追われます。一九一〇年当時の東京帝国大学の社会的地位は現在の東大よりはるかに高かったはずです。普通ならそこで「心を入れかえて」となるものを、彼はどんどんその幻覚の方向に走っていきエスカレートしていくわけです。(福来友吉はその後高野山で密教修行をしたりしながら心霊現象を追いかけ、「神通力」の存在証明に没頭したまま亡くなりました。)

これは、今のスピリチュアル・ブームが孕んでいる危険性のひとつだと思います。江原氏を含め、仕掛けている当人たちも本当に幻覚を見ているわけで、それを現実だと思い込んでいるからです。「江原氏のドキュメンタリーを見ていると、明らかにこの人は幻覚を見ていると思います。しかも自分では現実だと思っているふしがあります。この江原さんの思い込みって何なんでしょうか？」と、あるマスコミ人から訊かれたのですが、それは福来氏の場合と同じメカニズムなんです。

スピリチュアリストがシッティング——依頼者と対面して「あなたのおじさんはこんな人でしたか」「おばさんは…」といった具合にどんどん当てていくこと（スピリチュアリストはそれを「霊界からのメッセージを伝える」と言いますが）——をするときは、相手に「瞬間催眠」を仕掛けているわけです。催眠に導くにはそれなりの技術が要ります。現代の催眠手法は、昔みたいに「蝋燭をじっと見つめてください」なんて言わなくても、会話しただけですーっと変性意識に入れられるような方法論です。江原さんの番組を数週間続けて見て確認しましたが、実際に彼はそういう催眠手法を使っています。対面している相手に仕掛けているわけです。我々プロが見ればすぐにわかります。もしかすると江原さんは、催眠という仕掛けがそういうものだとは認識せずに、イギリスのSAGBで勉強している中で自然な面談方法として学んでいたのかもしれません。

確実に言えるのは、いわゆるスピリチュアルな人たちは明らかに瞬間催眠の技術を、生得的にせよ後に習得したにせよ、持っているということです。つまり、「さあ今からシッティングですよ」と言って挨拶をして、座って会話を始めたときには、すでに相手を深い変性意識に入れてしまっているわけです。ということは幻覚を見せられるし、もしくは順番を替えられる。順番を替えるというのは、たとえば「あなたのお父さんについて教えてください」「私の父は…」「あなたのお父さんは…にして亡くなったんですか」という話の流れの中で、被験者に自分が言ったということを全部忘れさせて、すべて術者が言い当てたように思わせることです。これを「健忘暗示」と言いますが、術者は被験者の言ったことをくり返しただけで、被験者に自らが喋ったということを忘れさせてしまう。ただし、それを意図的にかけている術者は自分自身の胡散臭さを自覚しているから、そんなに長持ちしません。ところが意図的でない人は、同時に変性意識に入っていることに気づいていないから、深い変性意識状態の中で自分も「当てている」と思い込んでいる可能性があるわけです。

催眠現象というのは、かけることもそれを教えることも危険です。昼間会えばまともな紳士であっても、酔っ払って酩酊状態のときに、目の前に太股をあらわにした女の子と個室に一緒にいたらどうなるかということと似ています。そういう時でも平常心を失わない倫理観を持った人間しか催眠の技術を学んではいけないんです。

ユリ・ゲラーの超能力ブーム

さて、福来助教授の「透視・念写実験」が本物かニセ物かをめぐって世間を騒がせた時代から、次にスピリチュアリズムが勃興してくるのは一九七〇年代です。『ムー』や『トワイライトゾーン』といったUFOや宇宙ものの雑誌が売れ出したのも一九七〇年代の後半で、超心理学がパラサイコロジーと言われて流行った時代です。ユリ・ゲラーブームも同じ頃からですし、あるいは矢追純一のUFOものが民放テレビのスペシャル番組で取り上げられ始めたのもその頃です。

ユリ・ゲラーが巻き起こした超能力ブームは、当時の若者に多大な影響を及ぼしました。

ユリ・ゲラーという人について先に種明かしをしておきますと、彼はマジシャンで確信犯です。中国に行けば「特異功能師」と呼ばれるもっと凄い手品師がいます。元々ユリ・ゲラー自身には悪意はないと思います。彼はアメリカ中を巡業していたマジシャンで、バラエティ番組に出演してギャラがもらえればいいということでパフォーマンスをやっていました。日本のテレビマンたちも視聴率が獲れればいいというつもりで呼んだだけです。それがもの凄く大当たりして、当時の若者たちは、ユリ・ゲラーの「超能力」を事実であるかのように受け容れてしまいました。あの当時の小学生でユリ・ゲラーを知らない人は、いないでしょう。テレビでユリ・ゲラーがスプーン曲げをするというので、同時刻に友達の家に集まって、皆でスプーンを曲げてみた覚えのある人は大勢いるはずです。だけどその時に曲がってしまう人も中にはいるわけです。スプーンなんかちょっと力を入れれば簡単に曲がります。コツがあるわけで、スプーン曲げなんか簡単です。ユリ・ゲラーの「超能力」はマジックとして、テレビのバラエティ番組などで面白おかしくやれば本来は問題なかったはずです。

でも今はそれでは済まされません、後で話しますが、テレビで言ったことは真実で正しいことなんだと思い込む世代が育ってしまったわけですから、テレビはよほど気をつけて人選をし、番組を作らなければなりません。先に、鏡に向き合わせて「死んだお母さんの霊がそこにいる」と言って「死者と再会」させたり「死後の世界からメッセージを受け取ろう」という番組について触れましたが、「これは単なるバラエティのネタだから」と言い訳しても視聴者は信じてしまうわけです。なぜかと言うと「テレビでやっているから」です。背景にテレビ信仰というものが若い世代に浸透している現実があります。

七〇年代後半から巻き起こった超能力・UFOブームが日本のスピリチュアリズムの素地を作ったと言ってもいいでしょう。一九一〇年代の福来助教授らが起こしたような活字上だけで展開するスピリチュアリズムとは違って、ユリ・ゲラーのようにテレビという媒体を通して目の前で展開されるわけですから、信じてしまいます。そして一気に「超常現象」がごく身近に、しかも真実のように受け止められるようになってしまったわけです。映像の魔力です。

空飛ぶ円盤！

もうひとつ、スピリチュアリズムの形成に関わって忘れてならないのは、「空飛ぶ円盤」

つまりＵＦＯ（未確認飛行物体）ブームです。ＵＦＯ現象については諸説ありますが、見間違いが圧倒的です。それ以外には米軍が実は秘密の戦闘機、たとえばステルス戦闘機の模型を作っていたなどと言われています。アメリカのテレビドキュメンタリーにはＵＦＯを肯定するような番組も中にはありますが、ＵＦＯ現象の九割が見間違いであり、残りの一割が実は米軍の軍事戦略をカモフラージュするためのものだったという説明をしています。それは十分ありうる話だと思います。ただＵＦＯという「未知なるところからいきなりわけのわからないものがやってくる」というイメージングじたいが、「人類の科学では説明できないものがこの世にある」というスピリチュアル的論理を社会の中に成り立たせるのに大きく貢献したはずです。

ユリ・ゲラーの場合は、パワーを見せることによってその現象を「超常現象」と言ったわけですが、でも結局、何を見せたかと言うと、スプーンが変に曲がるとか、曲がって折れるとかいうだけで、そんなにたいしたことではありませんでした。ところが同じ頃の、ＵＦＯ現象が「超常現象」とイメージのうえで重なったわけです。ＵＦＯというのはつまり「わけのわからない物体が空を飛んでいる、もしかしたら攻撃してくるかもしれない」というイメージ、しかも視覚的にとらえられるイメージです。それがユリ・ゲラー的な

「超能力」と結合してスピリチュアリズムの形成に大きく作用したと思います。

でも、UFOの話は単純で、宇宙人がいるかいないかの、どちらかしかないわけですが、宇宙物理学者のカール・セーガンが『科学と悪霊を語る』でいみじくも言っているように、いてもいなくても何の不思議もない。万が一いたとすれば「あー凄い！　宇宙人はここまでやってきたんだ」で終わりです。地球人がいるのですから宇宙人がいたっておかしくありません。いないのであれば、それが幻覚か米軍なのかは別の話として、どっちにしても驚く話ではありません。それをわざわざ「驚くべき話」に仕立て上げ、UFOが来たらこの世の終わりだというくらい「大変だ！」みたいに作っていたのが映画やテレビ番組です。

UFO教と宇宙霊

現代のカルト教団の中にはUFOを信仰の対象にしている団体が複数あって、UFO教とでも言うべき、ちょっと普通の感覚からすると信じがたい教義を持つ団体が存在します。

「いくらなんでもそれはスピリチュアリズムとは違うだろ？」と思う人がいるかも知れませんが、実はＵＦＯ教も本質的なところでスピリチュアリズムと同根です。それは、ＵＦＯ教の人たちが信じるのは地球霊ではなくて宇宙霊というだけの差だからです。つまり、霊には「レベルが高い霊」と「低い霊」があるわけで宇宙霊はレベルが高い霊になります。スピリチュアリズムは「魂が生まれ変わる」「生まれ変わる度にレベルが上がっていく」という考え方ですから、だんだん上昇していって、最後はどこまで上がるのかというと宇宙まで飛翔するわけです。「地球のレベルじゃまだまだ未熟」とか「あなたは銀河系レベルの霊ですよ」とか——銀河系レベルとなった時点で宇宙霊です。要するに、霊のレベルで「高い」ものが宇宙霊になります。スピリチュアリズムの頂点は宇宙人の霊に行き着かざるをえないわけで、それがスピリチュアリズムの論理的帰結です。だから、ニューエイジ・ムーブメント出身のチャネラーたちの地球人へのメッセージには、最後に必ず「宇宙霊」が出てくるわけです。その意味では、宇宙からのメッセージを受け取っていない江原さんはまだステージが低いのかもしれなくて、彼があと十年ほど修行して次にテレビに出てきた時には、「宇宙人」と言い始めるかもしれません。

基本的にスピリチュアリズムが成り立つためには「荒唐無稽な話がある」ことを信じる

心理的要因が要るわけで、それは「UFOがいる!」と言うことと変わりはないわけです。

壮大なスケールの神話——大本《おおもと》教・出口《でぐち》王仁三郎《おにさぶろう》

ヒッピー・ムーブメントのニューエイジを根に持つスピリチュアリズムは、七〇年代頃から広まって、統一教会、ハーレ・クリシュナ、バグワン(Osho)といった新宗教の団体やグル運動によって、多くの若者たちを取り込みました。そこで語られる物語は本当にさまざまで、古くからある霊的救済者による人類救済から、地球外生物による救いを説くものまであります。そうしたカリスマ的指導者の中には、東洋の秘教のエッセンスを「秘術」や「奥義」として取り入れているものが少なくありません。

ところで、近代日本のスピリチュアリスト(霊能者)としてよく名前のあげられる人物のひとりが、一九二一年に『霊界物語』(全八一巻)を著した出口王仁三郎(一八七一―一九四八年)です。出口が口述した「永遠にわたる人類の指導書」としての『霊界物語』は「天地創造に始まる地上霊界の歴史」を壮大なスケールで描いたものと言われています。

数多ある日本の新宗教の中でも、出口が教祖となった大本教（開祖は別の人です）は、言わば日本の新宗教の根本になっているとも言え、大本教の影響を受けている新宗教はたくさんあると思います。つまり、お釈迦さんとかイエス・キリストのように壮大なストーリーを描ける人は少ないのですが、それに匹敵するのが出口王仁三郎の『霊界物語』です。あれだけ壮大なものを自分のオリジナルで紡ぎ出せる人はそう多くはいないでしょう。読めばなかなか面白くて、もし私がトム・クルーズだったらこれを原作に映画化するだろうと思うくらい、圧倒的に壮大な宇宙観を持っています。

現代では、作家の平井和正が『幻魔大戦』でそれに挑戦したんですが、『霊界物語』ほどの宗教的な影響はありませんでした。彼の『幻魔大戦』に登場する「地球樹の女神」は、彼が入信したGLA教団という新宗教の女性教祖をモチーフにしたものだと言われています。ただ平井和正は、良くも悪くも出版社の編集者に鍛えられて仕事をしてきた人で、読者を気遣って書いているからか、元々抑制の効いた人なのかはわかりませんが、『幻魔大戦』のストーリーには整合性があるわけです。映画『スターウォーズ』Ⅰ、Ⅱ、Ⅲのようなもので、ちゃんと起承転結があります。でも、それだけでは宗教になりえなくて、宗教になろうとすれば、もっと荒唐無稽でなくてはなりません。平井和正の描いたストーリーは確かに壮大なスケールを持っていましたが、それは人間のレベルで、神のレベルになるには物語がもっと飛んでいないといけないのです。

一方、アメリカの新宗教団体サイエントロジーの創始者でSF作家のロン・ハバードは、創始者ではあってもその語り部に過ぎないということになっています。ですから、彼の肉体の死と無関係に壮大なストーリーが広がっているわけです。だから創始者のロン・ハバードが死んでも教団は続いています。そのストーリーは以下のようなものです。七五〇〇万年くらい前に宇宙人が太陽系にやってきて、そこで宇宙船が難破する。核爆発が起き、宇宙人全員が死んでしまう。その霊が地球人の遺伝子に貼りついて、それをお祓いする前の状態が「プリクリアー」、お祓いした後が「クリアー」。サイエントロジーは東洋宗教をかなり取り入れていて、東洋宗教で言うところの「悟り」の概念が彼らの言う「クリアー」状態です。

つまり、サイエントロジーは、言わば仏教教義を取り入れたアメリカニューエイジのSF版のようなものです。壮大かつ荒唐無稽ですがストーリーとしてはよくできているわけです。ちゃんと階層性があって、なんとなく学んでいけるような気がする新宗教だとも言えます。大川隆法の「幸福の科学」もそうです。双方の団体とも私は認めていませんが、その意味から言いますと、ストーリーの一番巨大なものが旧約聖書で、二番目がイスラムのコーランかカトリックの新約聖書ということでしょうか。

エセ科学と科学者

しかし、超能力にしても、空飛ぶ円盤にしても、それが素直に受け容れられた背景には、当時の科学者にも責任があるのではないでしょうか。その当時のことをふりかえってみると、そういったエセ科学に対してきちんとものを言うべき科学者たちの足元が、実は揺らいでいた時代だったという背景があります。一九三〇年代くらいからのボーア＝ハイゼルベルクの量子論が「どうも確からしい」とわかってきたのがその頃です。つまりそれまでの理論では説明できない不確定なことが起きうるということを科学が認めたのがその時期です。だから、「『絶対起きえないこと』は起きないんだ」というあたりまえのことをしっかりと言う科学者がいなくて、一方で科学のパラダイムが、実験的再現性がなくてもある程度理論的な整合性があり、その中で不確定性の要因があれば「起きるかもしれない」と、一歩退いてしまうような空気がおそらくあの当時あったように思います。

現在は「だからこそ君たちの説明おかしいよ」と言えるまでに科学は進歩したと思いますが、当時はそこまで科学のパラダイムは進歩していなかったのです。物理学ではニュートン力学的な近代科学のパラダイムが量子論で崩されて、ゲーデルの不完全性定理が鋭く数学の基盤を揺るがした、そういう状況で「これはおかしい」と言っても、「そうじゃない例外だってあるんですよ」「あなた（科学者）が無知なだけでしょう?」というカルチャーが一九七〇年代から八〇年代に生まれていたと思います。そして、科学の側がそれに対して沈黙していたということです。

免疫のない若者に浸透するスピリチュアル

二〇〇七年になって、元オウム真理教（アーレフ）の上祐史浩が新団体を発足させると発表し、メディアへ盛んにアピールしました。九五年にオウム真理教の引き起こした地下鉄サリン事件という未曾有のテロ事件以来、ここ数年前まではオカルトと目されるようなものをテレビで放映することはタブーという雰囲気がありました。オウム事件当時も、いわゆる超能力などのオカルトブームだったからです。ここで私が言う「オカルト」と「スピリチュアル」に違いはほとんどありません。厳密に言うとオカルトは宗教性を持たない非科学的なことを指します。たとえば、UFOやスプーン曲げ、ステラー波などのいわゆる「超常現象」をオカルトと言います。ところが、オカルトをスピリチュアルという一見ソフトな言葉で言い換えているのが現在の風潮です。ソフトな言葉に聞こえても、スピリチュアルとは「**心霊主義**」であり「**霊媒主義**」です。

今、巷には「**霊感**」や「**スピリチュアル・ヒーリング**」と銘打った本があふれ、テレビのゴールデンタイムにスピリチュアル番組が垂れ流されています。

今の日本はちょうどオウム事件が起きた直前くらいの状況と、非常によく似ているように思います。あるマスコミの取材に、「これから先の十年以内にオウム事件級の巨大なカルト事件が起きる可能性がある」と私は言ったくらいで、今のようなカルト状況を放置すれば間違いなく起きると思っています。一九八二、三年頃の上祐史浩は、ディベートのジャッジルームで私の横にいて、『ムー』やオカルト本をいっぱい読んでいました。あの頃は今と同じく超スピリチュアル・ブームでした。賢い大学生たちが一斉にスピリチュアルに走ってヨーガが流行り、その中でカルトのようなものが台頭してきて、その結果起きたのがオウム真理教によるサリン事件でした。それで日本のメディアがだいぶ反省して自粛し、そういったスピリチュアルな話は抑えてきたはずでした。

我々の世代は、今の若い人たちと違って、オウム以前までにオカルトと言われるようなものの存在に徐々に触れながら認知することができました。雑誌の『ムー』からニューエイジ本、オカルト本、それらがテレビのコンテンツであったり本や雑誌として全部周りにありましたからカルト知識があったわけです。それがオウム事件の後に、少なくともテレビではスピリチュアルはかなり自主規制されました。自主規制されて以降、オウム事件を知らない世代、当時の小学生・中学生が、今二〇代になっています。彼らにとって一番重要な、知識が形成される思春期にオカルトはタブーとして扱われていました。ニュースで見て、なにか宗教団体が引き起こした事件があったことは知っているでしょうが、テレビや新聞の報道を見ているだけでは事件の本質などわかりません。

そこへ、オウム事件から十年を過ぎたあたりから「スピリチュアル」という名前で一気にオカルトのコンテンツを解禁したのです。そういうものに対する免疫がないところへ、江原啓之氏たち「スピリチュアル」の担い手たちが現れている現在の状況は、残念ながら、オウム真理教がサリン事件を引き起こす直前の状況によく似ていると言わざるをえません。自主規制を解除するなら徐々に解除していけばいいものを、いきなり全部やり始めました。情報が少なくて免疫のないところへ、江原啓之氏に「あなたの前世は武士です」などと断言されれば、「何かわからないけど凄い！」となるのは想像できます。少なくともテレビに出る、公共の電波に乗せてそのメッセージが流されるということは、その人が社会に認知されている「まっとうな」ものだというお墨つきを視聴者に与えているのと同じです。ある面で、現在のスピリチュアル・ブームは、オウム事件のほとぼりが冷めたところで、視聴率競争のさなかオカルトのコンテンツを復活させたくてたまらなかったメディアが作り出したといっても過言ではないでしょう。

サイキック・マフィアの世界

テレビや出版が作り上げたイメージによってスピリチュアル・ブームに一気に火がついて、そのヒーローのようになった江原啓之という人が、実は何を考えていて、何を目的としてやっているのか？　それを分析すれば色々と面白いことが見えてきます。

『サイキック・マフィア――われわれ霊能者はいかにしてイカサマを行ない、大金を稼ぎ、客をレイプしていたか』（M・ラマー・キーン著）という有名な本には、アメリカのスピリチュアリストたちの情報ネットワーク世界が暴かれています。厳しい審査を経たスピリチュアリストでも、なかなかネットワークの仲間に入れてもらえなくて、そのコアの幹部、つまり幹事くらいになって初めて明かされる秘密があると言います。その地域ごとにクライアントの情報を書き記したカードがあって、そこに自分たちのネットワークに一度でもコンタクトした人の全記録が記載されており、それを電話網で交換するというわけです。それがアメリカにはあるのですから、スピリチュアリズムの本家のイギリスでも、もしかしたら江原氏をはじめ「お客さん」で行った外国人には明かされていないネットワークが存在する可能性があります。

たとえば、「全人類の予言が記録されたヤシの葉がインドにある」と紹介し、その「神秘」を著書『アガスティアの葉』で褒め称えた青山圭秀氏という元東邦大学医学部客員講師の先生も騙された一人だと、パンタ笛吹（本名：牧まさお）氏が『アガスティアの葉の秘密』で書いています。青山氏はサイババを日本に紹介した人です。実は、笛吹氏は青山氏の本を読んで感激し、実際にアガスティアの葉に書かれている予言を見にインドへ行った一人でした。

ところが、旅行コーディネーターが笛吹氏の生年月日や両親の名前をあまりにしつこく訊くので「怪しいと思った」ことをきっかけに、最後は「これは完全な詐欺である」と見抜いています。笛吹氏は自分に関する予言が書きつけてあるアガスティアの葉を読んでもらう館で「これからあなたに災難が降りかかるから、それを避けるために護符を買えと言われた」そうです。その館というのがまさに青山氏が行ったところだったわけです。同じく笛吹氏が書いた『裸のサイババ』では、サイババに会いに来る信奉者の多くは、何も言わないうちから自分に関する情報をサイババに言い当てられて驚き、彼を「聖者だ」と思い込んでしまうのですが、「(サイババの)事務局がパスポートをチェック」していて、信奉者と会う前に必ず打ち合わせをしていたことを、多くの元信奉者へのインタビューで明らかにしています。

サイババグループしかり、アメリカのスピリチュアリスト・ネットワークしかりで、江原氏も、イギリスの大物霊媒師として彼が崇拝しているドリス・コリンズに会うため、彼女のエージェントに「日本円にして一五万円くらい支払ったと記憶しています」と本で書いていますが(『スピリチュアルな人生に目覚めるために』より)、その間に日本で家族の写真だとか彼の経歴などを入手されていて、彼自身がはめられている可能性もありうるわけです。江原さんがイギリスでシッティングを受け、交霊現象を目の当たりにして「この人素晴らしい！」となるストーリーは、青山圭秀氏と同じ構図です。

江原さんがブレイクして有名になったのは『幸運を引き寄せるスピリチュアルブック』が売れた二〇〇一年以降でしょう。そして彼は二〇〇三年にテレビ番組に出演し始めました。私の結論を先に言えば、江原さんは元々典型的な「自分探し君」なんです。普通はイギリスではなくてだいたいインドに行きます。自分探しの人は日本の桐山靖雄氏の阿含宗、オウム真理教、幸福の科学、そしてごく普通の天理教のようなものも含めて、最低四つや五つの新宗教の門を叩いています。挙句の果てにインドへ行って、ドラッグを盛られてパスポートを盗られ、行方不明になってしまう人が多いのですが、たまたま運良く帰って来れた人はヨーガ教師になったりしています。その意味でイギリスに行ったというのは非常に珍しいのです。しかし、イギリスに六年間ずっと行っていたのではなく、九回の旅行の多くは長くはない滞在で、「何回目かの渡英ではアパートを借りての長期滞在も経験しました」（『スピリチュアルな人生に目覚めるために』）ということですから、イギリスに行って勉強したと言うより観光客で行って、交霊を見て「凄い」と騙されて帰ってきたのかもしれません。おそらく変性意識に入りやすい人なのでしょう。もし彼が私に会いに来れば、いくらでも幻覚を見せてあげます。もしかしたら彼は、英国スピリチュアリスト協会だけではなくて日本のありとあらゆる新宗教団体で幻覚を見せられている可能性があります。日本では二〇人もの霊能力者を訪ね歩いたという江原さんは、「私の人生の意味を解き明かせる霊能者など皆無でした」(前掲書より)と書いています。いずれにせよ、まず彼は宗教渡り鳥、つまり「自分探し君」から始まっているわけです。

江原さんの『スピリチュアルお祓いブック』付録の封じ護符は、日蓮宗系の護符の描き方で、描いてあることは真言宗系のようです。彼は国学院大学に行った後、神主の仕事についていますが、そもそも「英国スピリチュアリスト協会で学んだ」と言っているにもかかわらず、どうしてその協会とは何の関係もない封じ護符が出てくるのでしょう。本当に日本のカルト巡りをやってきたからかもしれません。彼の本を額面どおり読んだとしても、どう考えても彼は当時よくいた「自分探し君」なんです。

スピリチュアリズムの元になっているのは心霊主義であり、少なくとも宗教です。ところが、彼はまだ人に語れるほど宗教的に成長していません。宗教という枠組みで彼がよりどころとしているのはバラモン教でありヒンドゥー教、もしくはチベット密教ですが、その視点から見ると、彼の論理はまだ入門レベルを出ていません。「魂は永遠」「生まれ変わる」「だんだんステージが上がる」……これがもしオウムだったら一番最初に教え込まれていることです。入門中の入門の論理しか彼は知らないということになります。

『週刊朝日』の林真理子氏との対談記事（二〇〇二年）によると、『幸運を引き寄せる〜』で売れたのが〇一年です。彼がスピリチュアリズム研究所を設立してから〇一年までの間、芸能界とか一部の人たちの間では有名でしたが、実は社会的にはまったく無名でした。おそらく女流作家の佐藤愛子氏が彼を推奨したということが、今日の彼のポジションのベースになったのでしょう。たぶん女流作家の紹介で彼のことを知っていた人が出版業界にいて、さらに、たまたまパッケージの上手かった三笠書房で出した本が当たり、「これはいけるんじゃないの？」となったところでテレビに出た。そういう流れだと思います。

江原啓之氏の「霊視」

江原啓之という人は、恐山のイタコみたいな「霊媒体質」を持っている人です。「霊媒体質」と私が言ったからといって私が霊を認めているのではなく、要するに自己催眠にかかりやすい、ちょっとしたことで幻覚を見やすい人だということです。さきほど催眠世界の話の中で、催眠術をかけているときは術師も深い変性意識状態に入っていると言いましたが、イタコなり催眠術の被験者なりが深い変性意識状態に入っているときに、周りの人を催眠に引きずり込むという場合があるわけです。「ハーレム男」が最初は催眠術がヘタだったのにあるとき大成功したのは、夢の中でおまじないを唱えたことを思い出したのがきっかけでした。夢という深い変性意識を記憶から引き出し、見たことを思い出すというのは凄く深い変性意識状態なのです。そこで催眠をかけると相手は引きずり込まれます。自分が催眠に入っているときは相手も深い催眠に入るけど、相手が深い催眠に入ると自分も入る。つまり、互いが互いを変性意識状態に引きずり込むわけです。

江原さん自身は自分で深い変性意識状態に入れる人ですから、周りは催眠に引きずり込まれやすい。中でも、若い女性は特に引きずり込まれやすいのです。たとえば彼が十人の若い女性に会ったとすればそのうちのひとりや二人は深い変性意識状態に入ってしまい、彼が語る霊を一緒に見ている可能性があります。そうなるとどっちが先に見たかなんていうこともお互いわからなくなり、最後は記憶さえも残りません。おそらく彼のシッティングのような霊視が思いきり当たった女性が何人かいた可能性があります。そのうちの一人が作家や編集者だったりすると「凄い人に出会った！」となる。言わば、どこにでもあるミニカルトのひとつの典型だと言えます。

催眠技術は催眠下でしか学べない

番組を観ていますと、江原啓之という人は、相手に対して「こう見えますね」「こうですね」と語りかけています。客観的に見るとおじさんが何か適当なことを言って相手に同調しているだけなのに、「霊視」されているタレントは泣き出したりします。なぜああまで人が反応するのかと言うと、典型的な催眠手法を用いて話しているからです。あの喋り方と突然の沈黙。心理療法家ミルトン・エリクソンが発明した、いわゆる自然主義催眠そのものです。イギリスのスピリチュアリストたちはアメリカで興ったミルトン・エリクソンの新しい自然主義催眠に強い影響を受けています。

おそらく昔のイギリスにあったのは、フランスのメスメリズム（医師メスメルの動物磁気による手法）です。そしてメスメルから影響を受けて催眠研究を始めた、一九世紀イギリスのジェームス・ブレイドという外科医が利用した凝視法。それがスピリチュアリズムが起きた頃のイギリスの催眠方法論だと思います。ところが、一九六〇年代、八〇年代に入ってエリクソンの方法が大ブレイクして、それまで凝視法を使っていたステージ催眠術師たちがエリクソンの自然主義催眠を学び始めました。「蝋燭の光を見つめる」とか「五円玉を揺らす」とかではなくて、ちょっとした会話の仕方、言葉の喋り方、声色、眼の動き、呼吸法、そういう「ほとんど言語ではあるけど言語ではない」手法を言語の中に埋め込むことによって（まったく言語を使わない方法もあります）、相手に深い変性意識、要するに催眠状態を引き起こすテクニックをミルトン・エリクソンが確立したんですが、それを催眠にかかりやすい気質の江原さんはおそらく無意識に使っているわけです。

催眠技術は催眠下でしか学べません。これは空手や気功と同じで身体から身体への伝達です。催眠下で催眠を学ぶ。するとなんとなくその方法論がわかるというものです。ちょっとした声色の使い方、眼の動かし方、突然黙って下を向いて間を空けて変性意識が少し深まった瞬間に声を発して誘導する技――もちろん手法的にはかなり初歩的ですが、そういった細かい技を江原氏は自然に身につけているわけです。

武道もそうで、型があってその型は習うけど、その後の身の振る舞いは流れに任せてやります。その「流れに任せてやる」ことができるかどうかで上達は決まります。江原さんの場合はそれをどこで学んだかと言えば、イギリスに何度か行っている間に彼自身がそれを受けていて、おそらく見よう見まねで覚えてきたのだと思います。それは、彼は深い催眠に自分で入れますからそういうものを感じることができ、覚えられるのです。上手な気功師が気を送っているところへセンスのある人が行くと、見よう見まねで気を出せるようになるのと同じです。素地は単純で被暗示性が高い「催眠に入りやすい人」、それだけです。

ただし彼の手法は一九六〇年代から八〇年代までの行動主義の時代の催眠手法で、最新のアメリカのものではありません。おそらくその頃イギリスに伝わったものを彼が学んだのだろうと思います。やっていることは瞬間催眠、それだけです。彼はそうした面談の経験について「のべ何万という人々の相談を受けてきた」と書いていますが（『スピリチュアルな人生に目覚めるために』）、百人もやれば十分上手になります。それで上達したのでしょう。方法論としては初歩的な催眠手法なのです。

江原啓之氏と「ポア」

何度も言うようですが、彼はどこにでもいる「自分探し君」なんです。私には、カウンセリングをやったりテレビ番組に出ることによって彼自身が少しずつ勉強している段階に見えます。江原さんの本を古いものから新しい順に読んでいくと、明らかにだんだん論理ができ上がってきているわけです。彼は一九六四年生まれですが、スピリチュアル的自分探しの年齢で言うとまだ二〇代くらいだと思います。興味を持って以来、経験を積むことはやってきたでしょうが、頭で考える抽象思考はまだやっていません。そしてこれから彼が何を勉強していくのかということを、プロフェッショナルな宗教者や学者はわかっているわけです。結論として言えるのは、いわゆる本物の密教に出会う可能性が高いということです。実際、『スピリチュアルお祓いブック』の最後に「お祓い用護符」としてニセ物の密教を書いていることから見ても、彼の自分探しの旅は、おそらく本物の密教に出会うことで終わるでしょう。私がこんなことを言うのはアメリカで似たようなことがあったからです。日本にも支部を持つＮＬＰ（Neuro-Linguistic Program）というミルトン・エリクソン派から分かれた自然主義催眠の一派がありますが、そのＮＬＰ創設者のリチャード・バンドラーという人は今シャーマニズムをやっています。ミルトン・エリクソンという人を研究した結果、エリクソンの言語誘導の部分は学べたけれど、無意識の世界への働きかけを学べなくて、彼は南米に行き、シャーマニズム、言ってみれば西洋の密教に出会ったわけです。そして今はシャーマニズムセミナーをやっています。江原さんも同じで、彼がイギリスに行って学んだものはインド・チベット密教の伝統では入門レベルです。つまり江原さんが語る「魂、アートマンは永遠」「輪廻転生」「ステージが上がる」などという言葉には、その概念を支えている緻密な論理体系があるわけですが、それをいずれどこかで知ることになったらはまるでしょう。そのとき彼には影響力がありますから大きな社会的リスクが生じると思うわけです。今はどこにでもいる普通のスピリチュアル君で、テレビに映って芸能人と会ったりしているだけで、別に嘘つきじゃなくてただの幻覚を見ている少年です。カウンセリングで言っていることはたいしたことではありません。でも、これから勉強をすると危ないよ、と私は言っているわけです。

　彼が一番最近出した本の最後に「何度でも申し上げましょう。夜明け前の闇がいちばん深いのです。救いがないようにさえ感じられる現在はある意味で膿を出す時期なのです。

膿を出し切り、それを見届けながら、次の未来に向かって良きカルマを蒔きましょう。良きカルマとは、〈愛〉の種です。愛の種を蒔くためにひとりひとりがいまこそ行動すべきときなのです。」（『未来の創り方』）と書いてあります。これは実は「タントラ・ヴァジラヤーナ」というオウムの教義になった「ポア」の思想なのです。カルマ（業）とは輪廻転生から来る概念で、つまり「カルマの解消のために死になさい」「あの世で幸せになれます」ということです。

江原氏的スピリチュアルの法則

スピリチュアリズムとは心霊主義、霊媒主義です。この二一世紀に「霊がいる」と言っているわけです。著書の中で江原さんは、「日本語の『霊媒』という名称もその意味からして本来は的確なのですがどうしても暗いイメージが離れません。」「私は『霊』という文字を私はあまり使いません。『たましい』とひらがなを用いるか、もしくは横文字をカタカナに置き換えて『スピリット』としています。」「『心霊相談』という名称や方法を用いることを避け、『スピリチュアル・カウンセリング』という言葉を使うことにしました。」(『スピリチュアルな人生に目覚めるために』)と言っています。ということは、彼は自分では霊媒主義だということをわかっていて、それが本来、日本という社会に受け容れられないものだということを自覚しています。だから、そういう意味で彼は確信犯なのです。彼による「スピリチュアルな八つの法則」が彼の言葉で言う「霊的真理」です。「霊的真理教」とでも呼びたくなりますが、それはイコール「スピリチュアル教」ということになります。その教義を江原氏は八つあげています。

一　スピリットの法則
二　ステージの法則
三　波長の法則
四　ガーディアン・エンジェルの法則
五　グループソウルの法則
六　カルマの法則
七　運命の法則

八　幸福の法則

いわゆるスピリチュアル教の教義として一般的によく言われているのは一から七までで、八はどうも彼が足したようです。八は単に「愛を皆に分け与えると幸せになります」と言っているだけですから「あ、そう」みたいなものですが、江原さんに言わせれば、これらが「霊的真理」になります。

彼がどう並べているかは別として、スピリチュアリズム教の論理の法則で言うと、まず、一のスピリットの法則がアートマン思想です。二のステージの法則はまさに輪廻による階層性を差しています。五のグループソウルの法則もその階層性の別の言い方で、同じ階層の人が集まる、現世が階層の鏡だという発想です。「何百回も生まれ変わるけれど、今一緒にいる人たちは前世でも一緒にいたんだよ」と彼が言うのはそのことです。三の波長の法則は、これもまったく同じことですが、グループソウルがこの世で集まるための情報伝達手段が波長になるわけです。これは要するに気功の気、ヨーガで言うプラーナにあたります。プラーナの伝達によってお互いを呼び合う、要するに気が伝わるということです。四のガーディアン・エンジェルの法則は、守護霊がいるということでしょう。六のカルマの法則は宿業の概念です。七の運命の法則は、たいていカルマの法則とワンセットになっています。カルトにはよくある論理で、彼は「運命と宿命は違いますよ」という言い方をしています。宿命は先に決まっているけれど、運命は自分である程度選択できる余地があるから、宿命は変えられないけど運命は変えられる。その余地は宿業によって決まる。宗教論理的にはカルマの法則の一部が運命の法則だと思ったらいいでしょう。八の幸福の法則は単に「愛しましょう」で、人に幸せを与えることによって幸せになりますよという単純なお布施の法則です。

以上、これがいわゆる典型的な「霊的真理教」の教義です。基本はヒンドゥー教で、アートマンの生死を超えたアプリオリな連続性とカルマ（宿業）の概念です。もちろんお釈迦様が否定した概念で、これが、自分が努力しても宿命は変えられないというカースト制度を生み出す元凶なんです。

今のスピリチュアリズムの問題の一番深いところは輪廻転生思想です。でも担い手の本人たちはまだ気づいていません。「魂が永遠に続きます」「輪廻転生します」「階層があります」……それは結局、「今生きているあなたたちはどこの階層から来ましたか」ということになって、生まれる前に「あなた」が誰だったかを問うというのは、深いところで本質的な差別を孕んでいます。実際、江原さんは「死後の世界は無数の階層からなる、厳然とした『差別界』です」と本の中ではっきり言っています（前掲書より）。「霊界は差別界」と言い、その霊界と「生きているあなたたち」との間に「連続性」があるならば「この世は差別の世界です」ということになります。

江原啓之氏の「守護霊」とは

江原啓之氏などの言っていることは、宗教史的に言うと輪廻転生を前提としたヒンドゥー教的カルトです。実はスピリチュアルのみならず、流行っている新宗教はすべて差別的な思想を持つという興味深い共通点があります。それは「人間を超えた存在」という超人思想であり、選民思想です。もっとはっきり言うとナチズムに繋がるものです。

そしてこれも彼らがよく口にする「守護霊」ですが、それは、元々はキリスト教的カルトにあるゴーストの概念を、日本古来から存在する鬼神の概念と結びつけたものです。キリスト教的ゴーストとは、人が亡くなると生きている人間と死者との中間のような状態で墓の中にいて、魂はいろんなところをさ迷っている。何千年後かわからないが、最後の審判が到来したら、悪いことをしていなければ全員が墓から起き上がって天国に行けるという考え方で、キリスト教徒が土葬なのはこのためです。鬼神とは、そもそも人間であったこともない、最初から霊的な存在です。日本の伝説では役小角《えんのおづの》や、安倍晴明が従えていたもので、道教で言うところの式神です。

元首相の小泉さんは、横須賀にあるお稲荷さんの鬼神を使っているという話を聞きましたが、小泉さんはお稲荷さんが大好きでよくお参りしているらしく、それが凄い力を持っていると言うわけです。安倍晴明の頃に町をうろうろしていた鬼神は、人間の霊ではなくて、言ってみれば妖怪です。それを退治してくれるのが安倍晴明の従える式神たちであったわけです。安倍晴明は、異能者としてそうした式神たちを使う技と術を持っていたと伝えられていて、そういう能力に民衆は畏敬の念を抱いていたのです。ところが、今の〝霊能者〟は「あなたに悪霊が憑いている」などと言って世間の人を脅かしたりするだけです。

話は戻りますが、江原さんの言う「守護霊」も、そうした日本古来の鬼神に、西洋のゴーストを合体させたものだと思います。テレビ番組で江原さんは、「今、あなたの横に亡くなったお祖父さんが来ていますよ」などと出演者に言ったりしていますが、キリスト教世界から借りた霊の概念と日本の鬼神の概念を結びつけただけの〝食わせ物〟の類と言ったら言い過ぎでしょうか。

要するに現在「守護霊」と呼ばれているものは、死んだ人間の魂が生きている人間に対して何らかの意味を持つということだと考えてよいでしょう。ただ、もうお気づきかと思いますが、これは先に触れた輪廻転生とは、そもそもまったく相容れない概念なのです。生まれ変わりを肯定するならば、「輪廻した」つまり死んだ瞬間にその人は同じ時間に世界のどこかで生まれ変わっているのですから、霊魂がそこにうろうろしているわけがありません。これほど明らかに矛盾した話なのに、なぜ誰も疑問を抱かないのでしょうか？

だいたい、江原啓之氏の番組に登場する芸能人にはなぜか前世が武士の人が多いんですが、武士身分は、たとえ一番数の多かった江戸時代においてでも、せいぜい日本の人口の一割程度だったということくらい、多少歴史が好きな人ならば当然知っていることで、変だと思いませんか。なぜ、たとえば「あなたの前世は賤民です」「江戸時代の被差別民です」と言わないのでしょう。それではウケない（相手が喜ばない）からではないでしょうか。

江原さんが言うスピリットという概念に対しては、ごく普通のカトリックの神父もそれを叩く論理を持っているわけですが、実際に批判したという話は聞いたことがありません。

テレビのアナウンサーも、「じゃあ、そこにいる霊は輪廻転生しなかったんですかね?」と訊こうともしません。どう考えても、まったく無批判にこのブームを支えるテレビをはじめとするメディアの姿勢は問題です。自主規制の間にいったいメディアは何を学んだというのでしょうか。結局は「ウケればいい」「視聴率さえ獲れればいい」という姿勢で、十年前と同じことを再び繰り返そうとしているのです。

第二章

スピリチュアルの誘惑

とげぬき地蔵と女性たち

免疫のない若い人がスピリチュアルにはまるのとは別の理由で、年配の方たちもこのブームに吸引されています。そのタイプには大きく分けて二つあり、ひとつは、とげぬき地蔵に行くような女性たちと、もうひとつは、会社を定年退職した男性たちです。しかし、理由はまったく違います。

まず女性の方から言うと、女性には昔から〝霊媒体質〟があると言われています。たとえば前章でも触れた恐山のイタコは全員女性です。金縛りのような現象を体験するのも女性に多く、要するに、生得的にスピリチュアルなものを信じやすい傾向にあります。女性を蔑視しているのではもちろんありませんが、それこそ平安の闇から徳川の時代、明治・大正・昭和・平成を通して変わらない女性の世界です。そこでは本当に神社でお賽銭を投げたらご利益があると思っているし、とげぬき地蔵の線香の煙が身体にいいと思ってやっています。そのようなことにご利益があると思ったら、その瞬間からそれはカルトというわけです。しかし、こうした考え方をしているからといって、女性たちがオウムのようなカルトへ向かうかと言えばそうではありません。彼女たちをいわゆる新宗教、カルトへ向かわせるには特殊な方法が必要です。そういった手法を確かに新宗教は保持していますが、少なくともその技術を使わない限りは、彼女たちはそんなにシステマティックなものの考え方をしませんから、救いを求めてカルトに絡めとられるということはありません。身近なとげぬき地蔵をありがたがって、別に何の害もないのですから、それについては問題にする必要もありません。実際に、巣鴨まで行くのがいい運動になっているかもしれませんし、ご利益があると思っていればプラシーボ効果で本当に健康にいい影響を与えているのかもしれません。私は昔から舞踏のアーティストたちをサポートしているのですが、一時期、金粉を塗って踊るのが流行ったことがあります。昔、金閣寺をバックにゲリラ的に金粉を塗って金粉舞踏をやって映画を撮ったことがあります。素っ裸に金粉を塗って金閣寺の前で踊って踊ってすぐ捕まって連行されたのですが、年配の女性観光客たちがどういう反応を示したかというと、ダンサーを拝み始めるんです。それ以降、ダンサーの彼は金粉で踊るのが大好きになって今でもやっていますが、彼が言うには田舎に行って金粉で踊ると「たいていおばちゃんたちに拝まれます」ということです。つまり年配の女性がスピリチュアルを良しとしたとしても、本来はあまり論理的な思考からではなく、さほど問題であるとは思いません。言うなればそのような反応こそが、本来の素朴な宗教心、信仰心だとも言えます。

第二の人生——年配者にとってのスピリチュアル

ところが、定年退職した男性たちが宗教にはまるときの論理はまったく違います。私はある仏教系のハワイ別院と親しくしていますが、そこへ、ハワイへ赴任している定年間近のおじさんたちがボランティアで集まって、皆さん一所懸命色々と手伝ってくれるわけです。そのおじさんたちが集まると、まるでお坊さんのように仏教について語ります。そのあたりの年代になると、急におじさんたちは仏教づく傾向があるようです。厳しい言い方をすると、棺桶が近いから嫌でも意識するようなったのでしょう。それなりに地位も築き、そして引退する、もしくは引退したという状況の中で、第二の人生を考え始めます。サラリーマンの世界というのは、あたりまえの話ですが**仮観**《けがん》（世の中の事象を、その果たす役割で認識する概念）の世界です。仮観については後の章でもう少し説明しますが、ともかく現世では会社という抽象空間（法人は抽象概念です）で、自己表現としての仕事をして生きています。その会社を定年退職した後は、仮観ではない**空観**《くうがん》（縁起の思想の前提となる考え方で、すべての存在に実在はないという概念）の世界、すなわち「あの世」に必ず興味を持つのです。とげぬき地蔵に行ってありがたい、嬉しいと思う、これは情動の世界です。先ほど言ったように、それはそれでいいと思います。しかし、サラリーマンのお父さんたちは情動を抑えて、仮観の中で生きていく術、抽象空間の中で生きていくという術を訓練してきたのですから、今さら情動の世界に戻れない。それで定年退職となった後、何が魅力的に映るかというと、それが仏教の世界なのです。他の宗教やキリスト教でもかまわないのですが、実際問題としてあまり身近にないから仏教に近づきます。すると、ちょっと本屋さんで仏教本を手に入れてブッダの言葉に触れると、さすがにお釈迦様の言葉ですからそれなりの臨場感のある空間が広がります。元々サラリーマン世界で少しは抽象度の高い空間での臨場感を感じることができるようになっていますから、自然と仏教思想にはまります。そして、本を読んで三ヶ月後くらいにはみな仏教評論家になっていて、若い男の子とかに「空とは」なんて語り始めたりするわけです。

それは仏教を広めてくれるという意味ではいいことなのですが、本当のところは、要するに今まで仮観の世界にいたから今度は空観の世界――その実、会社という物理的仮観が、あの世とか宇宙という宗教的仮観にすり替わっただけなのですが——に強く興味を持ち始めたということなのだろうと思います。ですから、五〇代から六〇代の男性がスピリチュアルにはまるのは、おそらく第二の人生、定年退職後のひとつの臨場感世界を得るためで、要は会社の代わりです。

歳をとってあの世が近くなり、男女とも彼岸の世界に興味が湧いてくるのは当然のことですが、もう一度仮観としてあの世を見るおじさんと、ますます迷信深くなるおばさんとがいる。

そこへスピリチュアル・ブームが到来して、子どもの頃は馬鹿にされていた「そこに霊がいる」といった考え方を、テレビが、ひいては社会が認めている状況です。本来なら本を読んでブッダの世界を知って欲しいところなのですが、人間は放っておけば迷信深い生き物ですから、本を買う前にテレビでスピリチュアルという新しい世界を目の前に披露されたら、おじさんもおばさんもそっちへ行ってしまうのは当然です。もちろんとげぬき地蔵に通いながら、同時にテレビも見ているんだと思いますが、「とげぬき地蔵よりは江原さんの方がなんとなくいい人っぽい」と思うわけです。

このように昔から、定年退職後の行き先はとげぬき地蔵や本物のお寺だったはずなのですが、今のスピリチュアル・ブームの怖いところは、テレビの力を手に入れたことでその人たちがいきなりスピリチュアルな世界へ引きずり込まれるようになったことです。ここでもオウム事件以降の、情報の突然の遮断の影響が無視できません。しかし、社会の中で人々の進むべき方向を考えて判断し、科学や技術や法律を支えていかねばならない人たちが、とげぬき地蔵的価値判断をしていたら困るのが二一世紀です。二〇〇〇年以上前から「それでは困る」と言っていたのがイエス・キリストでありブッダです。迷信から自由な価値判断ができる人を育てなければならないところを、オウム事件で我々自らが十年の真空地帯を作り出し、そこに今のスピリチュアル・ブームが生成されたのですから、危険なのです。

丙午《ひのえうま》迷信

丙午迷信というのを聞いたことがありますか。

詳しい話は板倉聖宣さん・住本健次さん共著の『差別と迷信』を読んでいただきたいと思いますが、戦前までは誰もが知っていた中国の「十干《かん》・十二支《し》」(この組合せが六〇種あり一巡すると還暦です）と「木・火・土・金・水」の五行を当てはめた組合せによる年・月・日を表す呼び名のひとつが丙午です。

十干＝甲《こう》・乙《おつ》・丙《へい》・丁《てい》……。（昔の学校の通知表の順位）

十二支＝子《ね》・丑《うし》・寅《とら》・卯《う》・辰《たつ》・巳《み》……。（よく知られている「干支《えと》」です）

たとえば、阪神甲子園の名は一九二四年の「甲子《かつし》」に建築されたことに由来しています。五行を当てた呼び名では、甲は「〈木《き》〉の兄《え》」ですから「甲子」は「木の兄子《えね》」になります。同じく丙午《へいご》ですが、五行を当てた呼び名が「火の兄午《えうま》」です。そこから「ひのえうま（丙午）は火の兄で馬の年」と連想されたわけですが、この丙午生まれの女性に対しては、極めて差別的な迷信が江戸時代以降三〇〇年以上も日本社会に浸透しています。五行の〈火〉が丙・午に重なることから、「火事が多発する年」として怖れられたり、男尊女卑の社会観念と結びつけて「この年に生まれた女性は気が強く男を食い殺す」などの迷信になっていきました。さらにこの迷信を加速させたのは、井原西鶴の小説『好色五代女』（一六八六年）に書かれた実在の人物〈八百屋お七〉の物語を、お七が丙午の生まれではないにもかかわらず、後世の小説家が丙午と結びつけて語り伝えたことによります。ちなみに、陰陽五行の本家である中国には丙午年生まれの女性に対するこうした言われはありません。にもかかわらず日本では、江戸時代以降、広く庶民の意識の中に植えつけられたのです。この迷信によって実際に起こったことを明治維新以後、最初の丙午年に生まれた出生数から見てみましょう。

①一九〇六年（明治三九年）の丙午年の出生数＝一三六万人
・一九〇五年（丙午の前年）＝一四五万人
・一九〇七年（丙午の後年）＝一六一万人　平均一五三万人
◆一五三万人－一三六万人＝一四万人

つまり、一九〇六年の丙午年の出生数はその前後の年に比べて約一〇％減少したわけです。減少率が大きかった地域は、①東京―二〇％減　②神奈川　③千葉　④埼玉　⑤静岡　⑥茨城　⑦山梨　⑧福島　⑨栃木―②から⑨はそれぞれ約一五％減でした。一方、ほとんど変わらなかった地域は島根―四％減、佐賀―一％減です。これを見ると、江戸時代から文化が発展していた地域、特に徳川幕府直轄地での減少率が著しいことがわかります。では、一九六六年の丙午年の出生数はどうでしょうか。

②　一九六六年（昭和四一年）の丙午年の出生数＝一三六万人

・一九六五年（丙午の前年）＝一八二万人

・一九六七年（丙午の後年）＝一九三万人　平均一八七万人

◆一八七万人－一三六万人＝五一万人、二七％減

一九六六年の丙午年の出生数は、その前後の年に比べて平均すると、なんと二七％も減少しています。東京は二三％の減少、一九〇六年のときとあまり変わりません。減少率が著しかった地域は、福井―三六％減（一九〇六年は三％減）、そして三重、高知で、奈良、岐阜が続きます。つまり、明治期の一九〇六年から六〇年後の一九六六年の丙午年には、北海道を含め全国的に〈ひのえうま〉現象が広がったと見ることができます。

科学万能の高度成長期に入っていたにもかかわらず、異常な社会現象として、迷信が全国に広がっていたことがわかります。これは、ひとことで言ってマスコミが煽ったことに

大きな原因があります。特に、女性週刊誌の果たした役割は無視できません。このことは今日のスピリチュアル・ブームにも当てはまるメディアの社会的責任の問題だと思います。迷信は、科学が発展し近々宇宙旅行すらできる時代になっても、放っておけばなくなり消えていくというものではありません。深く日本人の精神に浸透し、社会的に深刻な問題をも引き起こすのです。迷信とか差別は、その根底においてスピリチュアリズムと深く通底しているものであり、意識的に無くさなければならない科学者に課せられた社会的任務だと私は思います。

次の丙午は二〇二六年です。さて、どうなることでしょうか。ちなみに秋篠宮妃、紀子さんは、一九六六年の丙午生まれです。

閑話休題。

日本的宗教観と迷信

日本の一般的宗教観は、この道教的仏教の他にもさまざまな概念を内包しているところが特徴です。まず、八百万《やおよろず》の神の世界ですから、日本人は一神教を奉ずるわけではありません。たとえば「神様はひとり」という絶対神の世界、ユダヤ・キリスト教やイスラム教の世界では、逆に日本的な穢れ意識であったり、占いを信じたり、霊の教えることを信じたりすることなどは本来ありえないのです。もしも私がカトリックの信仰を持っていたとしたら、ローマ法王の言うこと以外はすべて戯言《ざれごと》です。もちろんローマ法王の権限を一部委譲された枢機卿なりイエズス会の神父が言うことは信用するかもしれませんが、それとてローマ法王の後ろ盾があってのことで、それはローマ法王がイエスの唯一絶対なる解釈者であるという大前提があるからです。すると、いきなり町の霊能者が出てきて「霊がいる」と脅かされたとしても、ローマ法王が霊能者を認めることはありえませんから、どういうこともないのです。万が一不安を覚えたら、最寄りの司祭のところへ行けばはっきりと否定してもらえますので、キリスト教世界の秩序がきちんと維持されます。本来、キリスト教は霊能者と言われるものを認めず、逆に歴史的には魔女として火炙りにしてきたくらいです。

仏教でもなくユダヤ・キリスト教でもない、結局、日本人の宗教観は神道に根ざしているかと言うとそうでもありません。少なくとも現在、神道と呼ばれているものは、本来、宗教と呼べるようなシステムは持っていません。ただ、神道と似て非なる迷信となると話は違います。それこそが、日本人に最も浸透している日本教の正体に近いかもしれません。

人はよく「自分は迷信なんか信じていない」と言いますが、世間をよくよく観察してみると、とても信じられないような慣習や迷信に人々が動かされていることに気づきます。たとえば、自殺者の出たマンションの家賃は実際に安いんです。マンションの裏がお墓でも値段が下がります。西日本の大学病院は遺体の搬出口を被差別部落に向けて作ったりしているところもありました。刑務所もそうです。死や罪にまつわる穢れ意識が差別意識と共に社会的に行使されていた例です。宗教評論家のひろさちやさんから聞いたことですが、日本で発掘された古いお墓の中には、死者が大きな石を抱かされて葬られているものがあるそうです。おそらくこれは死に対する畏れからで、黄泉の国からこの世へ戻ってこないようにという気持ちがそうさせたのでしょう。

祟りの概念も同じです。東京の大手町には、もはや都市伝説と言っていいようなものですが、平将門の首塚という場所があります。日本全国に首塚は数多くありますが、「将門の首塚は、いまだに祟る」と言うのです。一千年前に生きた関東の豪族・平将門（生年不明～九四〇年）は、坂東の地で反乱を起こし朝廷に逆らいました。逆賊となった将門は討たれて非業の死を遂げます。将門にはいろんな言い伝えがあります。落命した後、京都に送られ獄門台にさらされた将門の首が、腐りもせずに眼を見開いて、切断された自分の胴体を求めては「頭ついで今一軍せん！」と夜な夜な叫んだとか、やがてその首が胴体を求めて東に飛んでいき、落ちたところが大手町だったとか。そして裏切ったかつての盟友・平貞盛への怒りと悔しさが怨念となって、将門の魂は二一世紀の現代まで生き続けているというものです。東京・地下鉄大手町駅から歩いて一分、ビジネス街の一角に平将門の首塚が祀られています。そばにある三井物産の役員室は、全部そこにお尻を向けないように設計されています。つまりエリートビジネスマンが平将門の霊力を信じて畏れているということです。これは千年単位で続いている迷信ですから、相当に強く洗脳が維持されていると言えます。

国や地域で畏れる対象は異なっていても、現在生きている人類はすべてなんらかの迷信に洗脳されていると思った方がいいでしょう。お互いがお互いを洗脳し合っているのです。洗脳状態をお互いが巧妙に維持し合っているというのが、この世の実情かと思います。

「人は死んでも生き返る」？

では今の子どもたちは、死んだらどうなると考えているのでしょうか。「人は死んでも生き返る」――生まれ変わりを信じる小中学生が、二〇〇〇年以降格段に増えているという事実が、日本女子大学で中村博史教授（小児神経学）が全国の小中高生約一九〇〇人を対象に行なった調査（二〇〇〇年・二〇〇三年）にも表れています。

質問　一度死んだ生き物が生き返ることがあると思うか

①「生き返る」

小学校四年～六年生＝二三・八％

小学校六年生＝三三・九％

②「生き返ることもある」

小学校四年～六年生＝二五・九％

小学校六年生＝三三・九％

つまり六七・八％、小学校高学年の約七割近くの子どもが、生き物は死んでも「生き返る」あるいは「生き返ることもある」と考えているわけです。同じ質問を中学生に尋ねたところ、「生き返る」あるいは「生き返ることもある」と答えた中学生は合わせて四九・三％に上ったのです（二〇〇二年）。中村教授らは、そのように答えた中学生に「なぜか」と訊いてみました。

質問　なぜ、死んだ生き物が生き返ることもあると思うのか
①「生き返るのを見たことがある」＝一七％
②「生き返るということを教えてもらった」＝一七％
③「何となく」＝六六％

こうした回答から私が連想するのは、二〇〇四年、二〇〇五年に連続して長崎県で起きた児童殺傷事件のことです。特に佐世保で起きた女児殺害事件についての家庭裁判所最終審判決定要旨によると、加害児童には「死のイメージが希薄だった」とあります。「人が

死ぬ」ということにリアリティが感じられないという子どもたちの死生観のありようを危惧して、長崎県では県内の小学校四年、六年、中学校二年生（計三六一一名）を対象アンケート調査した結果、次のような実態が明らかになりました。（二〇〇四年一〇月〜一一月実施、〇五年一月二四日発表）

質問　死んだ人が生き返ると思いますか

①「生き返ると思う」と答えた小学校四年生＝一四・七％

②「生き返ると思う」と答えた小学校六年生＝一三・一％

③「生き返ると思う」と答えた中学校二年生＝一八・五％

なんと、「人は生き返る」という回答が中学生で二割弱と一番高くなっているのです。

さらに「死んだ人が生き返る」と答えた児童生徒にその理由を聞いています。

質問　なぜ、死んだ人が生き返ることもあると思うのか

①テレビや映画で生き返るところを見たから＝二九・二％

②生き返る話を聞いたことがあるから（テレビ・本・人の話で）＝四九・三％
③ゲームでリセットできるから＝七・二％
④その他＝一四・三％

ファンタジーとしての「生まれ変わり」思想

これらの意識調査アンケートからもわかることは、小学校四、五、六年から中学一、二年と年齢が上がっていくにつれて、基本的にはテレビや映画などの影響で、「死んだ人は生き返る」と子どもたちが思っているということです。どちらにしても、小学校四年生から中学二年までの全年齢層で、一五％～一八％の子どもたちが、死んだ人が生き返ると思っています。理由の八割がテレビもしくは人の話で、「人の話」というのは間接的な定義ですから、本質的にテレビが問題だと私は思っています。ただ、江原さんの番組は「よみがえる」ということをあまり言いません。ただし、輪廻転生は言っています。（先のアンケートの）設問の「本人が生き返る」という意味と「あの世で生まれ変わる」はちょっと違うと思います。ということはドラマなどの影響でしょう。実際のところは、テレビは視聴率が獲れるか獲れないかが大前提ですから、良い悪いということをテレビ局はまったく考慮に入れていません。

テレビマンたちは、「映画の『リング』『らせん』で鈴木光司が展開したあのおどろおどろしい世界に比べれば、死んだ人間が一回生まれ変わるくらいどうってことない。ファンタジーなんだから」と考えているようです。しかし、「ファンタジーだからいい」では済まされない深刻な影響がこれらの数値からも見てとれます。そこのところをよく理解して、カルト番組を締め出すのがメディアであり特にテレビの義務だと私は思います。一方、『E・T』や『スターウォーズ』はどうなのかと訊かれれば、あれは誰が見てもフィクションだとわかるわけです。アンケート結果が示しているように、意外にもゲームは影響力がありません。フィクションだとわかっているからです。ところがテレビで見るものはもうフィクションじゃなく、現実と同じなんです。

もう少し詳しく見ていくと、「人は死んでも生き返る」といった考えを持つきっかけは「テレビの奇跡体験特番」だけでなく、実は、最近話題になった映画の中に、そういったモチーフが非常に「自然な」形で組み込まれていて、それらがもたらす「生まれ変わり」

の思想が若者の心に浸透しているということがあります。

「よみがえり」や「生まれ変わり」を肯定的に見るドラマや映画が増えたのは、二〇〇二〜〇三年くらいの時期です。映画『黄泉がえり』の中で、美しい場面として人が消えてまたよみがえってくるシーンがあります。今はゲームの殺戮シーンだけが問題にされていますが、そのような直接的表現ではなく、間接的表現の方が心に強く印象づけられるのだと私は思います。

『黄泉がえり』『花田少年史』『いま、会いにゆきます』——こういった映画が作られるようになったのは、二〇〇一年に9・11があって、テロがいつ起きるかわからないという不安感を理由にあげる人がいますが、私はそんな話ではないと思います。9・11で「死」というものを子どもまでもが身近に感じるようになったことが大きいと思います。日本人は核家族化が進んで、自分のお祖父ちゃんの死さえ見たことがないわけで、人の死というものが、テレビの番組を作っている人たちを含めて、リアリティを持っていないのだと思います。そのような状況の中に9・11が起こりました。そこで初めて人が死ぬというリアリティがわかってきたということでしょう。そういう社会的雰囲気を先取りして、「人が死んだらどうなるの」というテーマが、視聴率も獲れそうだということで取り上げられ始めたのではないでしょうか。映画の作られ方としては、明らかに江原さんの本のコンセプトと似ています。あたりさわりがなくて、まず恋愛。話題の基本はすべて恋愛です。韓国純愛ドラマが日本に入ってきた頃の社会的風潮も取り込み、プラスアルファで家族の愛のようなものをほんわり織り交ぜながら、一五分に一回泣き所を作っていく。要するに、多くの人が感激して泣いてしまうような純愛風の美しいストーリーとして作っているわけですが、なぜかそれを「イメージ」だけでわかった気がして、そのまま受け容れてしまうわけです。

たとえば最近、若い女性の間に流行っているのが伊勢神宮参りです。本来ならば伊勢神宮とは何かということを、その裏にある本学思想も含めての神仏習合哲学から学ばなければ伊勢神宮という存在を本当は理解できるはずがないのに、なぜでしょうか。そこにあるのは、伊勢神宮に行けば何か特別な体験ができて、スピリチュアルになって帰って来られる、「それがなんとなくいい」という社会風潮ができ上がってしまっているのではないでしょうか。(もちろん伊勢神宮的には賽銭もらえればいいのかもしれませんが。)

今流行のロハスもそうです。健康と自然と調和したライフスタイルとか言いますけれども、実際にはロハス・パーティーなどと称して六本木の飲み屋でやっているわけです。

いったいどこが自然なんでしょうか。地球の美しさを表現している音楽を聴けばその背景にある思想が「すべてわかっちゃいました！」みたいに思うわけです。これは特にテレビが作り上げた風潮です。

「生まれ変わり」をテーマにした映画が、ほんわりとオブラートに包んでいるメッセージは、実は世界の三大宗教が腰を抜かすような教義が入った独立した宗教だということを意識しなければなりません。直言すれば、それがスピリチュアル教ということです。つまり、布教されているわけです。

江原啓之氏をカウンセリング

もし、江原さんという人と今後どのように向き合っていくか？と私が聞かれたら、私は彼と会いもするし、彼の後ろに憑いている守護霊、霊媒と全部話をして、その場で取り去ってあげましょうと言います。それで彼は「あ、幻覚だった」となんとなく感じるかもしれません。要するに、彼は自分の見ているものが幻覚だということがわかっていないわけです。しかし、私は今でも彼の幻覚を消すことは可能だと思っています。彼はまだ「自分探し君」で、本心は意外と純粋な普通の男の子なんです。ぜひ私と対談しましょう。公開でもかまいません。あなたの幻覚を消してあげます。

彼は深い変性意識を引き起こす能力を持っています。『洗脳原論』でも書きましたが、深い変性意識を引き起こすと、人間は無意識の深遠をかいま見てしまいます。そこにはどろどろした鬼もいれば、悪魔もいる、霊もいれば神もいる。そういうものを見たとき、人は怖いと思ってやめる人、あるいは自分は凄いと思って教祖に向かう人に分かれます。そして教祖になった人は、ダークネス・バウンダリーにはまり込み、超人になった気になるというわけです。

ただ、江原さんの救われるところは、まだそれに充分気づけるレベルだということです。しかし、誰かに教えられるとチベット密教原理主義に走る可能性があります。でも、彼が言っている空観以外に、仮観があり、中観があるという、本来の意味の仏教思想を教えてあげることができれば、「ああそうか」と思うでしょう。もし私と会うのが嫌であれば、少しテレビに出るのをやめて、もうちょっと勉強したらと思います。何を勉強してよいかわからないのでしたら、こういう本を読めばと教えてあげます。メールをくれれば「江原さんが読むべき本」を五〜一〇冊くらい紹介してあげます。

スピリチュアル教

実は、テレビの視聴率は細木数子さんの方が江原さんよりはるかに獲っているんです。なぜかというと、細木数子さんは現世利益をとことんやる人だからです。占いは現世利益です。水晶やハンコを売ったりしているどこにでもいる町の占いおじさん、おばさんです。十万円出してでも、良いハンコを買うと自分の運命が変わると信じている人がいるんです。「特別な霊能力で彫ったハンコが欲しい！」と言って、どこどこの誰々さんに彫ってもらったハンコ！なんて言う人が読者の周囲にも一人や二人いませんか。

細木数子さんはスピリチュアルではありません。オカルトです。オカルトというのは、ほとんど宗教性がなく、もの凄く非科学的なことを言う人たちです。たとえば電磁波とか、ステラー波が来たとか言う人たち。そういえばパナウェーブとかいう白装束の集団がいましたが、ああいうのがオカルトです。ＵＦＯの矢追氏やスプーン曲げのユリ・ゲラーもオカルトです。スピリチュアリズムというのはオカルト的要素を含みますが、今はイギリスのいくつかの団体を中心とするひとつの系統だった宗教的運動と見るべきでしょう。つまり、スピリチュアル教というひとつの宗教です。なぜかと言うと、教義はひとつしかないからです。ヒンドゥー教から始まり、チベット密教に行き、ドイツのおそらくナチズム経由でアメリカ、イギリスに渡り、アートマンの永続性（霊魂の不滅）と生まれ変わり（輪廻転生）と魂の階層性（カルマによる霊的ステージ）の三つを持ったひとつの宗教ということです。

教義体系が確立している宗教に、何々イズムという主義を表す用語は本来ふさわしくありません。スピリチュアリズムは大枠で括ってひとつの宗教です。国や言葉、用語も違いますが、間違いなくひとつの宗教――スピリチュアル教です。

細木数子氏――占いが当たる心理

細木数子さんはやっていることも、言っていることもあたりさわりはありませんし、ほとんど占いも当たっていません。観ている人も皆それをわかっているんです。元々細木さんは六占星術で登場した後、長らく不遇の時代があり、最近やっと毒舌おばさんとして人気が出ているわけです。私の分析からすると、相手の情報は元々わかっていて、さらに推測で情報を上乗せして、多少もっともらしく聞こえることを言っているだけのようです。最後に言っていることもだいたい処世訓みたいなものです。多少トークをすれば、相手のことを当てるのはそんなに難しいことではありません。実際には一〇〇個言ったうちの三個しか当たっていないのに凄いことのように見えているだけです。それが、人間の心理というものです。

占いにはそれプラス、テクニックがあります。占い師の学校ではカウンセリングを学びます。カウンセリングの授業があるということは、占い師の学校が「占いは当たらない」と認めているということです。占いが当たれば、カウンセリングは要らないはずです。なのにカウンセリングを学ぶということは、相手の心理を読み、その心理に合わせてより的確なアドバイスをするということでしょう。別言すれば、実は占いはカウンセリングだということです。そう考えると、細木数子さんが当たらないのはあたりまえだということになります。ただし、話術がうまい人は、最後にはミルトン・エリクソンのように全部当たったように相手に思わせることができます。それは相手の記憶をひっくり返してしまうことができるからです。

では、細木数子さんは何が問題なのでしょう。二〇〇五年七月にライブドアの堀江貴文元社長が番組に出たとき、ふだんは相手をけなしまくる細木さんが、ホリエモンだけは褒めちぎっていました。つまり言葉を政治的に選んでいるという感じがしました。政治的というより打算的に、あるいは自分にとって経済的利益があると思ったら、その相手を褒めちぎるということではないでしょうか。墓石商法と一緒で、この人は金のためにやっているんだと思います。そのときの細木さんを観ていて本当に面白かったのは、ホリエモンに「あんたにはたいした運がある。これからあんたは伸びる！　伸びる！」と言いまくったことです。ところがそれから半年後の翌年一月にホリエモンは逮捕されたのです。よほどホリエモンは金になると思ったんでしょう。彼女の占いなどはどこにでもある占いと同じで、可もなく不可もなく社会的リスクもありません。

ただし、彼女がやっていることは、催眠商法に凄く近いのです。ふとんを売る町の催眠セールスと同じです。人間は強く脅される、怖がらせられると、変性意識状態に入って、なぜか脅した人に対して好意を持ってしまうという心理構造を持っています。たとえば強盗に襲われたときのように、命が危ない状況に陥ると強烈な臨場感が生まれますから、臨場感空間の支配者に向かって好意を持ってしまいます。だから、彼女は「地獄に落ちるわよ！」と脅し、相手を震え上がらせることによってウケたんです。「ストックホルム症候群」に陥らせて好意を持たせるということです。これは催眠商法の基本的なテクニックで、二〇〇六年に話題となった「ハーレム男」も同じ驚愕法を使っていました。

それを彼女はテレビの中で巧妙に操作してきたと言えます。そういう意味で、いわゆる江原啓之氏の手法とは違います。江原さんのそれはもう少し現代的な、でも一九六〇年代の催眠術です。細木さんの手法はおそらく一九世紀の催眠術です。一九世紀の催眠術を彼女なりにうまくアレンジしたんだと思います。人はひとつでも言われたものに心当たりがあると一〇〇倍くらい「当たった！」と思うわけです。いわゆる催眠術師が使うような技術を占い師も使っているだけで彼女がユニークなわけではありません。そうすると、細木数子さんについては、占いの部分と言うよりも、経済活動の社会的合法性の部分がむしろ問われているということでしょう。

エハラー現象とテレビ

　実はテレビ朝日の放送番組審議会では、江原さんの『オーラの泉』をこのまま続けているのはまずいんじゃないかという議論が起きているのですが、そういう声に対して、「まずい部分を極力排除してます」という苦し紛れの答弁をテレビ朝日側は延々と続けているようです。番組を続けるほど、観た視聴者がそれを信じる作用が強くなるのに、「現実がどうであれ関係ない」という態度です。最近になって、逃げを打っておくためなのか、番組の最後に「前世や守護霊は科学的に証明されたものではありません」「悪質なセールスにご注意ください」といった申し訳程度の「お断り」を流すようになりました。しかしこれは十分な「お断り」になっていません。テレビに出していることじたいが倫理的に問題だということをテレビ朝日はわかっていません。

　スピリチュアリストは幻覚を見ているのか、さもなければ詐欺師かのどちらかです。幻覚を見るのは、生得的な場合と後天的な場合があります。実はそれは人口比率から見てそんなに少ない数字ではありません。さらに被暗示性が高い人は幻覚を見やすいわけです。

しかも、生得的もしくは後天的に被暗示性が高く幻覚を生みやすい体質になった人は、訓練によってはいくらでも自由自在に幻覚が見られるようになります。江原さんは自分の自伝の漫画で語っているように、子どもの頃からそういう訓練をしています。わざわざ寺に行ったり神社に行ったりして、そこで幻覚を見ている可能性があります。反対に、興味はあるのにまったく見ない人もいます。江原さんのような人は、瞑想をして自分でさらにイメージを作り上げていくわけです。私が江原さんを見た限りでは、嘘つきには思えません。ということはまず間違いなく本気で幻覚を見ていると思います。仕事柄、私はそういう人に大勢会っていますからわかります。「見えている人」はいくらでもいるし、「見えているもの」を変えてあげることだってできます。ただ、そういう人をテレビに出すこと、メディアが持ち上げること、要するにエンドース（endorse：裏書き）することが問題なのです。メディアが後ろについているということは「これは事実だ」と視聴者に強くメッセージしているわけで、日本の大メディアのそういう番組制作姿勢こそが問題でしょう。

スピリチュアルにはまる人の中には、ドラッグ中毒であったり、なんらかの心の病にかかっている人がかなり含まれていることは事実です。ただそれを病と言ってしまっては気の毒なのが東北の恐山で「口寄せ」するイタコさんたちで、彼女たちに向かって「あなたは心を病んでいます」と言ってもしようがないし、そんなスピリチュアル・ブームの斬り方には生産性がありません。

問題なのは、今、スピリチュアルに若い人がどんどん向かっているということなんです。私が言いたいのは、江原氏のような類の人間を「テレビに出してはダメですよ」ということです。テレビというものはプロデューサーたちが視聴率という数字を追求する世界ですから、そのためにイメージを作り上げていくわけです。江原氏の場合は、たまたま彼を起用した番組が高視聴率を獲れたからプロデューサーが使っているだけです。テレビ業界は視聴率至上主義の世界です。江原さんを登場させたら数字が獲れたというそれだけのことで、彼自身には元々からくりなどありません。彼のようなスピリチュアルおじさんはそこらへんにいくらでもいるわけです。そういう人に少し上等な衣をつけて、京都の高級品の作務衣を着させて押し出しを良く作って見せれば誰でも江原さんになれます。後はテレビカメラの扱い方しだいで、画面はなんとでも作れます。テレビカメラはどんな極悪人だって善人に映し出すことが可能です。カメラマンとディレクターの演出次第で、善意な人に見えるように撮って演出しているかどうかだけです。もしも明日テレビ局が何か江原氏を叩く必要が出てきたら、過去のVTRから善人に見えないような部分を切り取って繋ぎ合わせれば、その瞬間に極悪人に映すことができます。「善意の人」という姿は、そのように映しているだけのもので、あくまで画面上の虚構なのです。テレビに映っている存在と実像が同じと勘違いしてしまったらダメです。これは私の想像ですが、実際の江原さんは、現実と妄想が一緒くたになっている人だという感じがします。でも、番組を観ていると、なるほどディレクターはこういうふうに演出したいんだという意図はよくわかるし、それをそのまま真に受けているのが何千万人かの日本人なんです。私が何度もダメだと言う理由は、次の事件を知ってもらえれば理解して頂けると思います。

二〇〇六年一二月九日、埼玉県川越市の中学二年生の男子生徒（一四才）が自宅マンションから飛び降り自殺しました。同日付の毎日新聞によれば男子生徒は遺書のようなメモを遺しており、それは「霊界の話を紹介するテレビ番組を家族と観たことに触れて、『絶対におれは生まれ変わる。もっとできる人間になってくる。家族のみんな忘れないでいて。必ず会いに来る。ホントにゴメン　サヨナラ』」という内容でした。すでに未来ある少年の生命が奪われているわけです。事は緊急を要します。

根本的な問題は、今の世の中がスピリチュアルなものに対して肯定的に動いているということです。二一世紀はスピリチュアルに対して否定的に動かなければいけません。しかし現実には、どうしてもスピリチュアルにはまっていく人がいます。私の知り合いの若い女性にもたくさんいますが、たとえば彼女たちに、「(スピリチュアルなんかにはまっているような君たちは)明日から世の中に出てくるな」と批難しても仕方なくて、そういう人たちが何とか「この世」で生きていけるように支えてあげるしかありません。しかし、大の大人がテレビの番組で「霊がいる」と言うのはダメです。

つまり、テレビという公共の電波でのそういう発言は、すでに放送コードに引っかかっているということです。日本民間放送連盟の放送基準*2には、「特定の宗教を勧誘してはならない」とあり、そこで謳っている倫理基準の適用に関する解釈のマニュアル本には、「宗教の勧誘に繋がらないこと」と書いてあります。「勧誘」だけじゃなく、「勧誘に繋がる」だけでアウトなんです。すでにそのような危険性を憂慮して全国霊感商法対策弁護士連絡会などが民放連に要望書を提出しています。要望書は次のように厳しく批判していますが、当然のことだと思います。

「霊能師と自称する人物が一般には見えない霊界やオーラを見えるかの如く断言し、タレントがそれを頭から信じて動揺したり感激してみせるような番組」や、「占い師がタレントの未来を断定的に預言し、言われたタレント本人や周囲の人がこれを真にうけて本気で応答しているような番組」がたびたび放送されている。そして、このような番組は「社会的経験の乏しい未成年者や若者、主婦層の人々に、占いを絶対視し、霊界や死後の世界を安易に信じ込ませてしまう事態」をもたらし、霊感商法や宗教的カルトの勧誘を容易にする素地を作っています。テレビ局に「いきすぎを是正する措置」を講じることを求めます。

カルト危機は忍び寄る――〝Power《パワー》 For《フォー》 Living《リビング》〟上陸

この放送倫理基準に沿って考えれば明らかに問題なCMが、日本で流されたことを皆さんはご存知でしょうか。日本のテレビメディアはもろ手を上げてスピリチュアル・ブームの広告塔としての恩恵を享受するのみならず、特定の宗教に対して公共の電波による宣伝を解禁してしまったのです。〝Power《パワー》 For《フォー》 Living《リビング》〟という名前には聞き覚えがあると思います。元フィギュア・スケート選手のジャネット・リンや日本ハムのヒルマン監督、ラップミュージシャンVERBAL（mflo）、『異邦人』のヒットで知られる歌手の久保田早紀（現在の名前は久米小百合）といった人が出演している、米アーサー・S・デモス財団による無料冊子の配布についての宣伝です。〝Power For Living〟はデモス財団のCMで明らかに「神」と言っているわけですから、「宗教の勧誘に繋がる」と解釈されるどころではなく明文化された基準にはっきりと引っかかっているわけです。それなのになぜ、テレビ局はこのCMを流してしまったんでしょうか。

ドイツでは、政府による調査の結果、デモス財団のテレビ、ラジオCMが宗教活動として禁止されました。それは、放送州間協定という法律で「政治的世界観または宗教的性質を持つ広告は原則禁止」すると決めているからです。宗教・思想・政治のテレビ、ラジオによる広報活動は違法となっているわけです。政治宣伝もダメです。[*3]

また、デモス財団によるスポーツ界のスター選手や芸術家を起用してのメッセージが個人の超人化というところに偏っており、キリスト教本来のコミュニティ性、博愛性が欠如したカルト的教義であると批判されています。かつてのナチズムの反省から、超人思想に強い嫌悪を持つドイツ国民が排斥したのはうなずけることです。

この福音派原理主義[*4]と呼ばれる極右プロテスタントたちの多いディープサウスの一部地

域では、妊娠中絶医が射殺されたり、進化論を教える学校が焼き払われたりという事件が現在でも起きています。妊娠中絶医を射殺する根拠は、これから生まれる子どもはクリスチャンだが、中絶医はその胎児を殺す非クリスチャンだからだというのですが、こんな論理をイエス・キリストが聞いたら腰を抜かすだろうと思います。こういった思想がかつての十字軍や、先のイラク戦争の背後にあることも確かです。しかし、送られてくる冊子にはそのような突出した主張は書かれていないので、一般の人が受け取って読んでも原理主義だとは思わないでしょう。これがこの冊子の効果的なところです。

ただ、教義がなんであろうと、少なくとも信教の自由はあります。問題なのは、カルトであるか否かよりも、特定の宗教の宣伝を公共の電波が許すことです。日本でこの財団のCMを放送したテレビ局はドイツでの放送禁止を知ったうえでの確信犯であるという情報もあり、知らなかったで済ませてはいけません。

「〝Power For Living〟誌の無料配布であり、布教活動ではない単なる社会貢献活動の一環と判断しました」(日本テレビ総合広報部)というのが、CMを流した日本のマスメディアの代表的意見です。同財団が自らを「無宗派の非営利団体」と説明しているところも「布教活動ではない」ことの根拠としたようですが、彼らは決して「無宗教」とは言っていないことに注意しておかなければなりません。

正当な宗教であろうとカルトであろうと関係なく、いくら経営が厳しくても、どんなに大金を積まれても、テレビ局は特定の宗教・宗派のCMを絶対に流してはいけないのです。ドイツのように法で禁じていなくても、それが電波法・放送法で守られた公共の電波の責務であり、テレビマンの最低限のコモンセンスであるはずです。

デモス財団とホリエモン

二〇〇二年一月一八日付の『インターナショナル・ヘラルド・トリビューン』によれば、アーサー・S・デモス財団には五億六三〇〇万ドル（当時の為替で約七四〇億円）にものぼる莫大な資産があります。同財団は一九五五年、米国の生命保険会社ナショナル・リバティ・コーポレーションの社長だったアーサー・S・デモス氏の資産を元手に設立されています。フロリダ州ウェスト・パーム・ビーチに拠点を置き、世界各国で〝Power For Living〟を無料配布する活動を繰り広げている団体です。デモス財団を財務面から見ても、違和感は増すばかりです。公開されている二〇〇三年と二〇〇四年の財務諸表を見ると、次のことがわかります。

二〇〇三年の財団時価総額は約四億ドル、当時の一ドル＝一一〇円で四四〇億円度であり、これをファンド運用した運用益が、約三六〇〇万ドル（約四〇億円）となっています。年利九％の運用で、財団運用としては、日本の常識からするとかなりの高金利であり、「さすが米国のファンド」というこのレベルの運用を毎年継続しています。これに対して、二〇〇四年度分の納税額は、なんとたったの二〇万ドル（二二〇〇万円）です。四〇億円稼いで二〇〇〇万円程度の納税、そのからくりは、寄付金による税の免除です。この寄付金の内訳は、次のとおり。

〝Power For Living〟へ　約四七〇万ドル
その他活動へ　約五三〇万ドル
キリスト教右派、タカ派政治団体へ　約一九〇〇万ドル
合計約二九〇〇万ドル（三二億円）

このように、米国の寄付金による税の減免措置を利用して時価総額が毎年一割近く増大している効率的な巨大ファンドというのがデモス財団の実態です。この中でいわゆる独自慈善活動の〝Power For Living〟は一五％を占めるに過ぎず、八五％はキリスト教原理主義者への活動援助と、タカ派ロビイストへの寄付金となっているのです。アメリカでは、宗教団体の税務免除を利用して、極右勢力が巨額の資金を集めて活動している事に対して、**「クリスチャン・マフィア」**という用語で警戒が高まっていますが、こういった活動である可能性も否定できません。また、慈善事業の名目を利用した税金逃れの可能性も指摘されています。たとえばボストンの名門紙『ボストン・グローブ』は、デモス財団が慈善事業に寄付したとする多額の資金が、高額の旅行費用や贅沢品の購入に使われていると批判しており、例として二〇〇一年にプライベートジェット機を四〇億円で買うなどしたことをあげています。可能性としては、巨大なポートフォリオのリストの中にトンネル企業をいくつか入れておき、そこで何らかの活動資金や贅沢品の購入資金を作っていることもありうる話です。事実、ポートフォリオの中に、大きな赤字の無名企業がいくつもあります。実際は、ヘッジファンド的にもっと高い利回りで運用しているのかもしれません。

二〇〇四年の同報告書には、さらに面白い事実が隠れていました。彼らの保有している株の中に、「ニッポン放送」と「ＴＢＳ」の名前があったのです。

同年末の時点でニッポン放送株を三五九〇株、ＴＢＳ株を一万三四〇〇株。

ニッポン放送株が、ホリエモン率いるライブドアによる株買い占めで暴騰したのは二〇〇五年二月八日のことです。デモス財団は、それ以前の二〇〇四年にすでにニッポン放送株を保有していたのです。

同様のことはＴＢＳ株でも言えます。村上ファンドがＴＢＳ株を買い集めていることが判明して株価が暴騰したのは二〇〇五年秋のことですが、彼らは二〇〇四年の時点ですでに同株を保有していました。彼らは、数ある日本のテレビ・ラジオ業界の株を軒並み取得しているわけではありません。この時期、同財団が投資をしたメディア株はニッポン放送とＴＢＳだけなのです。見事な株取得としか言いようがありません。

ちなみに、〝Power For Living〟のＣＭを流した民放キー局は、日本テレビ、テレビ朝日、テレビ東京の三局。一方、見送ったのはフジテレビとＴＢＳの二局です。同財団に当時の親会社であるニッポン放送の株を買われたフジと自社株を買われたＴＢＳが、共にＣＭを見合わせていたことは興味深い事実です。

フジテレビとＴＢＳに、同財団による「株保有」がＣＭを見合わせることにした理由だったのかを尋ねると、「総合的に判断して、CMはお受けしませんでした」（フジテレビ広報部）「当社の広告に関する内規等に基づいた考査判断のひとつとご理解いただきますよう、よろしくお願い申し上げます。また、個別の株主さまに関する情報につきましても、お答えは差し控えさせていただきます」（TBS広報部）との答えでした。

同財団が買っていた企業株は、マスコミだけではありません。彼らは日本国内の地方銀行にまで投資しており、そしてこれらの株もまた、彼らが投資した直後に値を上げているのです。名前を列挙すれば、八十二銀行、中国銀行、肥後銀行、常陽銀行。いずれも、彼らが保有していた二〇〇四年から翌年にかけて株価は二倍近く暴騰しています。

アーサー・S・デモス財団のこうした株投資を目の当たりにすると、私たちは彼らを、日本で言うところの「慈善事業団体」や「非営利団体」のイメージだけでとらえるべきではないという思いに至らざるをえません。

高度な株投資技術で得られる高いファンド運用益。宗教を前面に押し出さない慈善事業（小冊子の無料配布）と、それがもたらす免税特権。そして特定団体への巨額な金銭支援（寄付）。デモス財団は〝Power For Living〟の活動のみで語るべき団体ではありません。

そう考えてくると、〝Power For Living〟――アーサー・S・デモス財団は、単なる、喫煙反対・妊娠中絶反対・同性愛反対・進化論反対のキリスト教右派団体を支持する資金運用機関というだけのとらえ方では不十分かもしれません。ネオコン的米国タカ派並びにその母体であるキリスト教原理主義的右派のひとつの情報収集機関である可能性があります。無駄なく計算し尽くされた活動内容と、それが掲げる「キリスト教的福音を世界に広める慈善事業」という看板との間には大きなギャップがあると私は見ています。

日本のテレビ局が彼らのCMを流した判断の根拠は、「個人情報保護法の成立により、彼らがCMを見て冊子を希望してきた人たちから集めたメールアドレス、住所などの情報を、小冊子の送付以外には使わないと彼らが約束したから」だと言っていますが、私はそこにも危惧しています。個人情報保護法は日本の国内法ですから日本に実態のない米国の団体には何の拘束力もないのです。したがってこれを根拠に彼らのCMを認めた日本のテレビ局は、判断を誤ったと言うほかありません。今回のテレビCMキャンペーンで、彼らが資金提供する極右プロテスタントたちのタカ派論理に潜在的に同情しそうな人たちの大量の名簿が作られ、それが米国に送られてデモス財団がサポートする団体が利用したとしても、国内法である個人情報保護法は何の規制をすることもできません。

宗教かカルトか——カルト認定について

　ところで私は過激な教義を持つこのような福音派原理主義をカルトと呼んでいますが、一応はキリスト教徒であると認められている彼らを私がどのような論理でカルトと呼ぶのかを説明しておきます。

　ある宗教団体をカルトと考えるか否かの判断基準は、ひとことで言うと、社会がすでに持ってる価値観からどこまで乖離しているかということです。フランス政府では判断基準を単純化して、その団体が地域社会、信者自身、信者の家族とトラブルを起こしているかどうかによってカルト認定の判断を行ないます。しかし、私の実感としてはそのような基準を当てはめてカルトの本質的な定義とすることには違和感があります。なぜならその基準でいくと宗教でないどんな団体でもカルトとして認定できることになるからです。

　宗教団体がカルトとされるかどうかは、その社会で大半の人が信じている既成の宗教や価値観と、どこまで隔たりがあるかを考えた方が、我々の生活実感に即していると思います。ということは、信者の数が多くなった方が勝ちというだけのことです。つまり、現在は信者がマジョリティになったから社会が「カルトではない」と思っているだけで、キリスト教やユダヤ教も、それが興った頃はある意味カルトだったというわけです。では何で判断するのか？「洗脳されていたらカルト」でしょうか。しかし、そもそもすべての宗教はある意味で「洗脳」です。比叡山延暦寺も徹底的な洗脳です。そうでなければ七年間山の中を毎日七〇キロ歩くなどという修行を誰がやるでしょうか。キリスト教でも、山奥の崖っぷちに建つ修道院でほとんど絶食しながら朝から晩までお祈りをしているところがあります。でもそれを我々は洗脳とは呼びません。ということは洗脳活動が入っているかどうかでも判断できません。

実際に家族や友人が何らかの宗教団体に入ったときに、ただちにやめさせるべきかどうかの判断基準は、「**入信する前に言われたことと入信してからやってることが同じかどうか**」ではないかと思います。たとえばキリストの教えを学ぶために入ったグループなのに、毎日やっていることは路上で一日中花売りをして三〇〇円のお小遣いをもらうだけだとか。オウムの場合は、一般の出家信者は悟りに至るための修行やヨーガをするはずで入ったのに、蓋を開けたら給料ゼロでクルタを着て選挙運動をやらされる羽目になるとか。それはどう考えても労働搾取です。宗教活動として社会がごく普通に認めている範囲――たとえば率先して地域のゴミ拾いをしたり、あるいは団体を広く知らしめるためにパンフレットを配ったりするような行為であれば、たとえ信者が無給で行なっていたとしても労働搾取とまでは言えません。ところが、通常の宗教活動から明らかに逸脱した行為と、普通社会的には受け容れられない商売がワンセットになっていれば、それは明らかにカルトです。いわゆる霊感商法はまさにそれにあたるでしょう。宗教活動を装うビジネスか、あるいはその逆かはケースバイケースですが、そのような活動は、洗脳を利用した「宗教でないもの」と見なさなければなりません。搾取の形態には、先ほど例をあげた労働的なものと金銭的なものがありますが、金銭的な搾取というのは単純に言えば「全財産お布施しろ」という場合です。

また「この壷の原価は一万円ですが、教祖が特別な力を込めたからプラス九九九万円の価値があります」「この壷を買わないとあなたに不幸なことが起こります」などという論理で買うことを強要したら、詐欺罪、恐喝罪に問われるでしょう。

カルトであるかどうかの重要な基準は、社会通念上認められるかどうかではないでしょうか。そういう意味で社会的ラインを逸脱した経済的収奪があるかないかが、有力な判断基準となりうるでしょう。あとは、その集団を地元社会が宗教として受け容れてきたものである場合は除外するという例外を設ける。そういう枠組みの中で、一つひとつ判断するしかありません。そういうカルト的要素をどの団体であっても持っているわけです。最も保障されるべき権利である内心の自由、思想信条や信教に関わる自由を侵害することのないようにしながらの判断ですから、難しいところではありります。

ただ、フランス政府のカルト認定基準に教義のことが触れられていないのは理にかなっていることで、なぜかと言うとたいていの宗教団体の教義には幸福とか博愛とか平和といったあたりさわりのないことしか書かれていないからです。教義も無難で主張も穏当なときは経済的搾取の有無でカルト性を判断し、主張そのものが社会の価値観と相容れないときは、たとえそれが世界三大宗教の一派を名乗っていても、当然カルト。そういうわけで、デモス財団が支持する福音派原理主義プロテスタント（別名・聖書根本主義派）もカルトだと考えるわけです。

第三章

究極のスピリチュアルはオウム

チベット密教とスピリチュアリズム

前章まで、江原啓之氏を中心に述べてきましたが、江原さんのスピリチュアルの中味はひとことで言えば、アートマンの永続性と輪廻転生と魂の世界の階層性です。それはすでに述べたようにオウムの論理でありチベット密教、バラモン教の論理です。何が危ないかと言えば、彼の進めている論理には次のステージがあるわけで、その論理的な帰結として来るものが危ないわけです。今の彼は混乱しているように思えます。自分に見えているものをどう処理するかについて戸惑いがある印象を受けます。まだ発展途上で、彼の本を読んでも、言動を見ても、ただの「自分探し君」です。

でも、たとえば江原啓之氏があと十年勉強すると、おそらく麻原と同じようなことを言い始める可能性があります。スピリチュアリストとしては勉強中と言ってよいのかもしれません。というのは自分の宗教的論理体系をまだ持っていないからです。ただ、その一方で、いわゆるヨーガ的なバラモンの話はしています。しかし、バラモンが作り上げた体系を理解するまでには、まだ至っていません。スピリチュアリズムというものは元々はチベット密教から、もしくはヨーガから来ているわけですから、彼が次に勉強を始めると行き当たるのはチベット密教でありヨーガにならざるをえません。そしてクンダリニー・ヨーガをやり始めると、麻原彰晃と同じことを言い始めるでしょう。

スピリチュアル教の正式名称は言わば「霊的真理教」です。現に江原さんの本にも「霊的真理」と書いてあります。江原さんのような人を生み出す元として、ひとつ考えなければならないのがオウム真理教です。そのオウム真理教はチベット密教とヨーガを中心とした団体でした。

オウムも最初はヨーガの体系から入り、そのヨーガの経験、体感のようなものが非常にチベット密教と結びつきやすく、教義的にもチベット密教的なものを採ることによって、整合性があったわけです。ギリシア神話とも結びつけようとしましたが、あまりうまくいかなかったようです。後で詳しく述べますが、オウムの思想的背景となったのは中沢新一氏です。そうした八〇年代のサブカルチャーの流れから、オウム真理教が中沢新一という理論的支柱を得て、体系を完成させていったのです。

江原さんにしても、今のままの姿だとそれほど危険性はありません。ごく普通の町のおばさんが言っていることとあまり変わらないわけです。「魂は永遠」「生まれ変わる」「今苦しくてもあの世に行ったらステージが上がるからがんばりなさい」と言うオカルトおばさんと同じです。教義体系に、抽象度の高い説明原理がないと宗教にはなりません。少なくともキリスト教・ユダヤ教・イスラム教のような世界の宗教と比べたときに、「こっちの方が凄い」という論理を成り立たせないと宗教にはなりません。それを成り立たせるためにはやはり知識を持った専門家が必要です。

福来友吉と共に大正・昭和の心霊学研究の中心となった学者に、浅野和三郎という人がいます。浅野は霊魂と守護神の存在研究に魅せられて「心霊科学研究会」を創立しました（二人とも東大）。その福来・浅野以来、長らくスピリチュアリズムというものがアカデミズムのバックアップを得られない状態が続きましたが、一九九〇年前後にオウム真理教が中沢新一と結合したことによって、日本におけるスピリチュアリズムが初めて体系化された教義を完成させることができ、オウムが生まれました。もし中沢がいなければ、おそらくオウムはヨーガの「神仙の会」で終わっていたと思います。内部で揉めて殺人を犯したりはしたかもしれませんが、宗教団体としては成り立たなかったはずです。ヨーガというのは一種のミニグルを作りますから、今でも渋谷あたりにあるヨーガ教室に行くと先生が自分の写真を教室に飾っておばさん五人くらい集めて、「俺は凄いだろ」とやっています。

しかしどんなにがんばっても五人十人で、決して百人千人にならないわけです。それはなぜかと言えば、そこに思想がない、宗教がないからなんです。何万という人数で広がっていくためには、求心力のある教義が絶対に必要になります。

神仙の会のようにヨーガを教えているだけで止まっていたら、オウム真理教は出現しなかったと思います。ところが麻原を「神」と崇める宗教教義を作り、オウムを宗教団体として仕上げ、成立させたのは中沢新一です。しかもそれが完成度の高い後期チベット密教だったのです。

オウム・麻原の登場

麻原がマスメディアに登場したのは、一九八五年十一月号の『ムー』という雑誌上です。その『ムー』とほぼ同じ頃に書かれたものが『トワイライトゾーン』での「インドの聖者が明かす最終的解脱に至るヨーガ・テクニック」というヨーガ行に関する連載で、これは彼の社会に対するアピール企画だったんです。『トワイライトゾーン』という雑誌を覚えている人は今ほとんどいないと思いますが、この雑誌は元々『UFOと宇宙』というUFO雑誌で、UFOを科学的に分析しようというものでした。それが次第にオウムをはじめスピリチュアル、カルト団体を紹介していくような雑誌になり、先行していた『ムー』よりも過激なオカルト雑誌に色合いを変え、そこに、八六年になって連載を始めたのがオウム真理教の麻原彰晃です。

ここには麻原の遍歴がある種のフォークロアの形で披露されています。アメリカ文化はだいたい二〇年遅れて日本にやってきますが、一九六五年頃のアメリカで流行ったのがまさにこのヨーガブームでした。「ヨーガ+LSD」が六〇年代アメリカヒッピーの中で広まり、それが日本に本格的に入ってきたのが二〇年後のバブル期です。麻原はかなり早い時期から当時アメリカで出版されていたヒッピー・ブームのヨーガ本を仕入れて読んでいたのかもしれません。とにかく麻原は色々な本からヨーガの知識を得ていたはずです。当時の『トワイライトゾーン』での麻原の連載を見ますと、すでにこの段階でいわゆる正当なクンダリニー・ヨーガの訓練法などを取り入れていたことがわかります。

身体に向かうスピリチュアリスト

いわゆるヨーガには、ハタ・ヨーガ、クンダリニー・ヨーガ、ラージャ・ヨーガという体系があります。ハタ・ヨーガは言ってみればその後のヨーガをやるための身体を作る準備運動みたいなもので、大きな枠組みとしては、長時間座れるようになってからクンダリニー・ヨーガのようなエネルギーのヨーガをやります。それからラージャ・ヨーガという瞑想のヨーガというおおよその順番があります。

ヨーガというある種の身体的な運動を、スピリチュアリズムが次の実践段階として取り入れ始めたということに注目すべきポイントがあります。

ヨーガの本質は瞑想です。簡単に言うと瞑想で出る脳内伝達物質はドーパミンとセロトニン、そしてエンドルフィンですが、特に瞑想における一番重要な脳内伝達物質はドーパミンです。ドーパミンはよく「快楽物質」と説明されていますが、ドーパミンの本来のはたらきは「運動物質」です。だから実は痛いときでも出る。要するに強い刺激で出ます。どういう刺激かと言うと身体性をともなう刺激。ドーパミンの不足による病の人は腰が曲

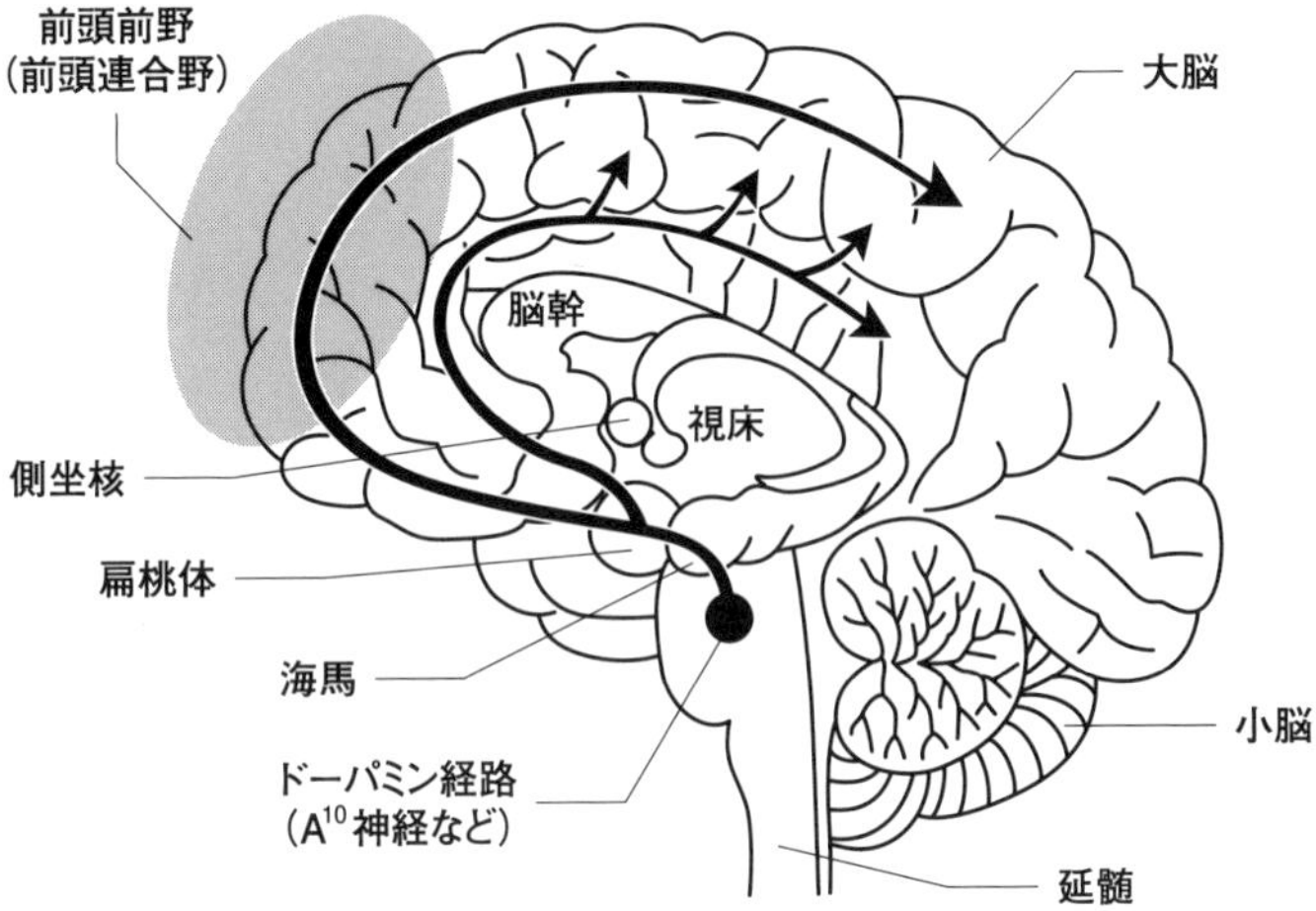

がって老人のようにゆっくり動きます。ドーパミン不足だから運動が遅くなるわけです。そのようにドーパミンは元々運動を引き起こす脳内ホルモンなんです。まさに脳幹・中脳からその周りの皮である古い大脳皮質、さらに外側の薄い皮・新皮質の真ん中へドーパミン神経軸策が広がっています。実は、人間は抽象思考を身体でやっています。だから学者が、物理空間や数学空間という情報空間を思索するときには手で何かを触るように動かしていますが、本当に身体で思考を行なっているからです。ＩＱが高い状態というのは言ってみれば抽象度の高いところを五感でもって、四肢でもって感じられる状態のことで、それをさらに操作できる状態を「ＩＱが高い」と

言います。抽象空間に身体性を持たせられるということが本来のＩＱを指します。これこそ人類の素晴らしい進化によるものです。

バラモン教が作り上げたヨーガの体系は、その意味では悪いものではなくて、座っているように見えても身体性のあるホルモンの流し方ができるような修行を突き詰めたものなわけです。達磨大師は脚が腐るまで座っていたと伝えられていますが、実際は彼の脳内では運動していたということです。

つまり、スピリチュアリズムのオリジナルである密教やインド・ヨーガの体系は、最初から運動と身体性を利用した実践法を組み込んでいて、その訓練によってドーパミンが出るようになるのです。初めは身体的な運動でドーパミンを出す。それからクンダリニー・ヨーガのような方法で身体のエネルギー感に意識を集中させることでドーパミンを出す。そして最後に完全に抽象化された瞑想だけでドーパミンを出すという段階を踏んでいく身体訓練法を編み出していたわけです。

一般に言われている「ヨーガ」は、ハタ・ヨーガと呼ばれるものの中のほんの一部で、インド人がそのいくつかのエッセンスを取り入れ、エクササイズのようなものにしてハリウッドあたりに紹介したものです。本物のヨーガは瞑想のヨーガ、瞑想することがヨーガなのです。本来ヨーガはバラモンの修行です。瞑想と言うと難しく聞こえるかもしれませんが、たとえばそのバラモンがバラモン教の修行における神のイメージ、仏教で言えば仏様のイメージのようなものをいかにリアルに鮮明に仮想世界に描けるか、それを体感として作り上げられるか、というのが瞑想の技術です。わかりやすく言えば、欲しいものが目の前に本当にあるように感じられるくらいはっきりとイメージできるようになるということです。そのイメージの世界をリアルに作り出して「ほんとに観音様出ちゃった」というような修行をするのです。それが瞑想です。

その瞑想を成功させる身体を作るためのものがハタ・ヨーガです。気《プラーナ》が通りやすい形《ポーズ》をすることをアーサナと呼びますが、アーサナを行なうことによって長時間の瞑想に耐える身体を作る。流派としてのハタ・ヨーガの中には瞑想のヨーガも入っていますが、ハタ・ヨーガはヨーガの中で身体を動かすヨーガ、アーサナ中心の準備運動だと思っていいです。アーサナをやった後にすることが、ヨーガの本質である瞑想です。

その瞑想を行うと、人間は大量のドーパミンを出して、気持ち良い体感を得ることができるわけです。それによって、より長時間の抽象度の高い瞑想をすることができます。数学者にとって数学の世界が気持ち良いのと同じで、それが瞑想のからくりです。非常に抽象度の高い空間を、気持ち良く、五感をもって感じることができる訓練、それがヨーガの訓練なのです。

身体性を通して修行するということは、オウムの麻原彰晃にとって密教を学ぶことと同義だったわけです。たとえば昔、空海が最澄に貸し出さなかった理趣釈経がそれです。スピリチュアリズムとして伝わってきたものは言わば顕教、つまり書かれたお経です。実は、古くから伝わる密教とは、身体性を用いて脳内にドーパミンを大量に出すことができる秘術なのです。それまでいろんな本を読んで勉強してきた麻原もそこに気づいたわけです。麻原は、パイロットババというヒマラヤの行者なる人に「ヨーガの手ほどきを受けた」と言っています。過去の例を見ても、ちょっと勉強したスピリチュアリストは必ず身体性を求めていくようになります。よく、ヨーガの瞑想によって「気持ち良くなる」とか「光が見える」とか言われるのですが、それはドーパミンもしくはセロトニンが大量に出ているということです。大量のドーパミンを出し、さらにそれを大脳の古い皮質だけではなくて新皮質の前頭前野まで波及させるのがヨーガの体系です。それが抽象度が上がってＩＱが高くなる訓練法だということです。それによって釈迦が悟ったわけです。

日本では再びヨーガ・ブームが起きていますが、日本のヨーガは現在でもハタ・ヨーガですからそんなに危なくはないと思います。ところが、クンダリニー・ヨーガやラージャ・ヨーガになるとよほど先生を選ばないと危険です。必然的にチベット密教もしくはインド密教という宗教の世界に繋がってくるからです。

ですから、英国がスピリチュアリズムの発祥だとか言われていますが、自動書記や交霊術に夢中になる人が出ても、それは次第に消えていきます。ところがスピリチュアリズムが一定程度広がって深化していくにつれて、その深い根っこにあるバラモン教の体系のようなオリジナルを見つけ出そうという人たちが出てくるわけです。そこにスピリチュアリズムの核心があるのではないかと気づいた原理主義者が、おそらく麻原以外にもたくさんいたと思います。

麻原の「目覚め」

八六年当時、雑誌『トワイライトゾーン』の中で麻原は、自分といわゆるインド・チベット系のヨーガがリンクし始めていることを語っています。麻原はヒマラヤで修行をした聖者と言われるアガンダナンダとパイロットババに会いにインドに向かうわけですが、その後押しをしたのが、雨宮第二（ダンテス・ダイジ）なる人物で、ヨーガを極め解脱したという自称「覚人」です。雨宮氏から後押しされたことによって、麻原はインドに向かいます。それでインドでアガンダナンダという聖者と会い、パイロットババに会いに行きます。

雨宮は麻原に、「救済者には二つのタイプがあって、ひとつは衆生救済にまわるタイプ、それともうひとつ最終解脱を果たしたのちに人間の側に立ち戻って人々を救済するタイプです」「実は麻原さんは前者のタイプだと思って連絡したのです…」と言い、しかし麻原が後者のタイプだとわかったので、「それなら一日も早く最終解脱をするべきです」と勧めました。さらに雨宮は「どういうビジョンを見ていますか」と麻原に訊くわけです。そのときの麻原の答えに笑ってしまうのですが、「八七年から八八年にかけて富士山が噴火し、九〇年日米経済戦争本格化、九三年日本の再軍備、九九年から〇〇年にかけて核戦争」と、今から見るとまったく全部ハズレたことを言い連ねているわけです。それに対して雨宮は、「まったくその通りになると思います」「ズレがあるとしても一、二年でしょう」「それを避けるためには新人類を誕生させるしかない」などと言います。

しかし、その中で言っていることといえば、要は「奇跡の新人類の時代がやってくるからあんた（麻原）はやんなきゃいけないんだ」「選ばれた新人類の民だから」というもので、これこそがまさに「選民思想」です。私たちがスピリチュアリズムの様相を見ていて「ファシズムに似ている」と思うのは、先にファシズムがスピリチュアルの源流に食いついているわけですから、あたりまえと言えばあたりまえです。

麻原の発言の中で、もうひとつ面白いのは、麻原がスピリチュアルの階層性をはっきりと語っていることです。雨宮から「実は麻原さんが現在どのレベルにあるのか確かめたかったのです」と問われた麻原は、次のように答えます。「私は微細体・原因体・宇宙深層を見ることができました」――微細体とは幽界に存在する自分で、原因体というのは精神でできている自分、そして宇宙深層というのが宇宙の根源のバイブレーションのことです（『トワイライトゾーン』八六年六月号）。

この麻原と雨宮の間で交わされた話がカルト用語でアセンション（意識上昇）と呼ばれるものです。アセンションとは、「自分自身の波動を上げることにより、今までの三次元の存在ではなく、五次元といった多次元空間の中に存在する真実に気づく」というもので、カルトには必ずと言っていいほど出てきます。この「宇宙深層」という言葉ひとつとってもわかるように、スピリチュアリズムの胡散臭いところは、「見えないもの」を言いながら一見科学を装う点です。とにかく科学性を維持しようとしますから、スピリチュアリストたちは「神」とは言いません。「神」になってしまうと彼らにとっては科学的な感じがしないから好ましくないのです。スピリチュアリズムとはレベルの高いスピリットを目指すわけですから、そのスピリットが上へ上へと上昇し地球を超えて宇宙人になってしまうのは当然と言えば当然です。

こうして、超能力とUFOの世代の後に来るのが、一九八六年にスタートしたオウム真理教という名のスピリチュアリズム運動で、そして九五年に大規模なテロ事件を引き起こすことになるわけです。このオウムというスピリチュアリズム運動は、大規模な殺人事件を起こしたにもかかわらず、この二〇〇七年においても実は運動体として現存し、継続されているわけです。そして、はっきり言いますと、今テレビに出ている人たちを含めてスピリチュアリストたちの言っているすべての要素をオウムはすでに持っているということです。

最終的に地下鉄サリン事件に至ったオウム真理教は、スピリチュアリズムが行き着くある種の論理的帰結であったと私は思います。スピリチュアリズムが表で語らない「この世は幻である」という本質的な思想を実践しました。あの世が主でこの世は単なる幻である。

つまり、この世はトレーニング・グラウンドで本チャンの試合場は「あの世」だという考え方です。オウムもそうだし江原氏の本にもそう書いてあります。「カルマを解消するためにこの世にやってくる」、「しかし本チャンの生きる世界はあっち（あの世）」。結局、チベット密教の純粋な空の思想、そこにスピリチュアリズムは直結しやすいんです。そこが危険だと私は言うわけです。スピリチュアリズムの人は、口では必ず「でもちゃんとこの世に貢献しなきゃ」と言うのですが、実はこの世のことはどうでもいいと思っているのです。スピリチュアリストが本当のことを言うとき、彼らは現世利益を絶対に否定します。江原氏も、「真理を学ぼうとせず現世利益のみを言う霊能者は、物質主義の目で見ればありがたく感じられるかもしれませんが、実は私たちの進歩・向上を妨げる悪なのです。…その意味で私たち霊能者は、現世利益を与えることを目的としてはならないのです」（『人はなぜ生まれ　いかに生きるのか』）とか、「霊界の方々が語るところによると、あちらの世界（霊界）こそが本当の世界であって、私たちが生きる世界は仮の世界。あちらの世界が光なら、こちらは影なのだと言います。」（『スピリチュアルな人生に目覚めるために』）と書いています。

本人がどこまで気がついているかは別として、これこそポアの論理でありチベット密教そのものの論理です。

洗脳のメカニズム

ところで、これまでに何度も「洗脳」という言葉を使いながら述べてきましたが、洗脳という概念とそのメカニズムについて、簡単に説明しておこうと思います。

洗脳とは、「認知レベルを含む脳内情報処理になんらかの介入的な操作を加えることで、その人の思考、行動、感情を思うままに制御する」ことです。認知レベルを含む脳内情報処理とは、精神（心）のレベル、脳の生理的レベルの両方を含みます。厳密には「第三者の利益のため」という条件を定義として加えることが望ましいと思います。

平たく言えば、洗脳とは脳のからくりに操作を加えて相手を支配することです。そして、洗脳によって操作されるのは脳内の情報的存在、つまり内部表現です。心が操られることを、巷ではいまだにマインド・コントロールと呼んだりしていますが、マインド・コントロールは洗脳というメカニズムの一形態で、実質的な意味合いにおいて大きな差はありません。ただ、その言い方では実際の危険性よりも柔かい響きを持ってしまうことから、私は洗脳という言葉に統一することにしています。

ここ五〇～六〇年の間でようやく、洗脳は脳内の**内部表現を書き換える**ことだとわかってきたわけですが、それはやはり脳科学がそこまで進歩してきたからです。本当にわかってきたのは一九八〇年代以降、九〇年代に入ってからです。

かつてのソ連や中国の洗脳は、**恐怖**によって行なわれました。**恐怖**は現実世界からその人を逃避させ、強い臨場感世界を作るからよく効くのです。その世界（空間）の臨場感が強ければ強いほど、その世界（空間）をコントロールする支配者に対して強い好意を抱く――ストックホルム症候群のからくりです。要するに恐怖を生み出すことができる支配者は思いきり好かれるということです。

前述の「ハーレム男」は「夢の中の怖い話をしたらうまくいった」と公判で語っていました。夢に出てきたような話に？と思うかもしれませんが、実際にそれが女性たちに恐怖の臨場感世界を生成させたわけです。

さて、洗脳状態というものが科学的にどういうものかを理解するには、**内部表現、ホメオスタシス、変性意識**という三つの概念を知る必要があります。

内部表現とは、脳内における世界と自我を表す専門用語で、眼で見たり、耳で聞いたり、つまり五感で感じたものが前頭葉で認識されるのですが、脳内でのそのすべての情報状態を内部表現と呼んでいます。神経の物理レベルのみならず、思考や感情など心理レベルの情報状態も含まれます。すなわち脳内における、物理レベルから心理レベルまで含めたすべての抽象度における情報が内部表現です。自分自身の表現や記憶、内省的自我、さらには現在時の自分の思考状態や発した言葉、言語の認識状態も内部表現の一部です。初めて聞くといまひとつよくわからないかもしれませんが、私たちが認知している世界はすべて内部表現という一応の理解でもかまいません。

そしてホメオスタシスは、恒常性維持機能と訳されるように、元々内外の環境変化に対して生体を一定に保とうと調節する機能のことを言いました。暑いときに汗をかいたり、走ると心拍数が上がるのはこのホメオスタシス・フィードバックの機能のためです。ところが、進化によって、人間の脳は情報処理器官として発達し、前頭前野で抽象的な思考ができるようになりました。それでこのホメオスタシスの能力が物理空間から情報空間にまで拡張したわけです。つまり、物理的な現実世界のみならず、仮想世界ともホメオスタシスのフィードバック関係が持てるようになっているのです。映画を観ていて、画面の中の車が突然爆発すればドキッとするのはこのためです。脳が進化していない生物の場合は、内部表現は物理的な生体と物理的な外界だけですので、ホメオスタシスもこの二つの間でしか起こりません。脳が人間レベルに進化して初めて、ホメオスタシスが仮想的な世界に対しても作用するようになり、だからこそ映画や小説の世界に臨場感を持つことができるのです。そして、脳の進化によって、仮想世界に臨場感を持てるようになった状態のことを**変性意識状態**と呼ぶわけです。ただし変性意識状態というのは決して特殊な状態ではありません。日常、少しでものを考えたり、人の話を聞いたり、パソコンで検索などをしているということは、言語をはじめとした抽象概念、すなわち仮想世界に臨場感を持っているわけですから、その時点ですでに変性意識状態なのです。

さて、ではこれら三つの概念が洗脳とどう関係があるのでしょうか。

洗脳には、必ずトランス状態が介在しますが、この場合のトランス状態とは、変性意識がより深まった状態を言います。仮想世界に現実世界より強い臨場感がある状態です。洗脳された状態とは、なんらかの手法で生成された変性意識状態によって、洗脳者が築き上げた仮想世界でのホメオスタシス・フィードバックが現実世界でのそれよりも強くなったトランス状態が継続している状態です。夢を本物と思ってしまう感覚です。オウムで言えば麻原の作り上げた仮想世界に臨場感を感じていれば、ゴキブリの這いまわるサティアンも楽園のような場所で、麻原は本当にハンサムに見えるのです。新宗教でなくても同様のことはもちろんありうるわけで、いわゆる聖痕現象*[5]と呼ばれるものはキリスト教世界に強い臨場感を持つことによって強烈なホメオスタシス作用が起こり、生体情報を書き換えているという説明ができます。

オウムを忘却する社会

実際に洗脳によって重大な被害がもたらされた実例は、なんといってもオウム真理教によるテロ事件です。これまで、カルト教祖が多くの信者を犠牲にした事件は、南米・ガイアナのジョーンズタウンで数百人もの信者が虐殺された「人民寺院」の惨劇をはじめ外国でも幾度かありましたが、サリン事件や坂本弁護士一家殺人事件など、オウム真理教が起こした数々の殺人事件は、その宗教団体に関係のない人までも犠牲にしてしまった点で、これまでの日本はもちろん世界にもなかった犯罪です。

オウム事件とは何だったのか。彼らはなぜサリンを撒いたのか。

オウム教団が事件を起こした後、「あれは宗教じゃないから」あるいは「頭のおかしな連中がしでかした」として片づけてしまおうとする見方も世間には多かったのです。しかしそのような見方では、なぜ一万人の人たちがオウムに出家し、麻原を教祖と信じて絶対服従し離れなかったのかについて説明がつきません。さらに、東大をはじめとする理系の優等生たちが、オウム真理教の中にたくさんいたのはなぜだったのか。彼らは、超能力や神秘主義にはまった挙句、麻原教祖が浸かった風呂の残り湯を飲んでありがたいと心から思い込んでいたわけで、オウムの洗脳手法には、外国の情報機関も驚いたくらいだったのです。

オウムで行なわれていた洗脳手法はいくつかあります。そのひとつは、CIAが開発したサイキック・ドライビングと呼ばれるもので、LSDなどの違法薬物によって信者をトリップさせたり、真っ暗な部屋に閉じ込めたり睡眠を奪うことで感覚を麻痺させた後、メッセージを吹きこんだテープ――オウムでは麻原が「修行するぞ修行するぞ」と延々唱えているもの――を聞かせ続けるという手法です。LSDによる強烈な幻覚体験によって本当に神秘体験をしたという思い込みが作られることも麻原教祖への帰依に強力な後押しをしていました。

二つめは、ヨーガによる洗脳です。元々オウムはヨーガをやるグループでした。ヨーガは、長時間の瞑想や呼吸法などによって深い変性意識状態を作り出すことができるわけです。深い変性意識状態に導かれて意識的な活動が抑えられ、無意識状態があらわになっているわけですが、その時、他者がアクセスして本人の内部表現を書き換えることが可能になります。麻原はそれを悪用して、トランス状態の人に実体のない体験記憶などを書き込んだのです。

さらに、アンカーの埋め込みです。オウムは信者たちに薬物やヨーガ、恐怖体験のビデオなどを利用してさまざまなアンカーを埋め込んでいきました。アンカーとは錨の意味ですが、埋め込んでおいたアンカーをトリガー（引き金）で引き出します。信者の脳に埋め込まれたアンカーがトリガーとなる何らかの合図によってよみがえり、再び信者本人に変性意識状態を引き起こすわけです。こうしたオウムの洗脳は、元々が軍事技術として確立されたものですから簡単に解くことはできません。脱会し、普通の社会生活を送っているように見える人たちの多くは、テレビなどで上祐の顔を見ることによって一気に洗脳状態に引き戻されてしまう可能性を秘めています。

私たちは、オウム事件から何を学んだのでしょうか？

社会はオウム事件を、自分たちの理解を超えるもの、もはや過去のものとして解明せずに済まそうとしています。しかし、オウム事件はまだ本当の意味で総括されていません。

宗教を侮ってはいけない

オウム信者には、東大理Ⅲを筆頭に多くのエリート大学出身者がいましたが、彼らのような賢い人がのめり込む宗教というものがあります。そういう宗教はありとあらゆる論理のディベート体系を持っています。実はカトリックもそうした宗教のひとつで、私は上智にいたときカテキズム（catechism）という科目を三年くらいやっていました。キリスト教学のディベートのことです。カテキズムをやることで、どこの誰に何を言われても、すべての論理に対してカトリックの方が優れているという論理を構築できます。今、私がカトリックを守れと言われたら、世界中の誰と戦っても「カトリックの方が優れている」と言って勝つぐらいの自信があります。自分が本心からそう信じているかどうかは別ですが、いざとなったらカトリックもプロテスタントもディベートの訓練を受けている人たちがいて強いのです。イスラムもそうでしょう。小さいカルトでそのような体系を持っているところはほとんどありませんが、カテキズムに匹敵するようなディベート体系を持つものがいくつかあります。ディベートが大好きだった上祐（「ああ言えば上祐」とはよく言ったものです）がはまったチベット密教がそのひとつです。そういった宗教に賢い人がのめりこんでディベートすると、必ず負けます。賢い人間は傲慢です。傲慢の最大の理由は、順位づけされているからです。「俺は東大理Ⅲだから俺より賢い奴はいない」と言っても、現在の教育ヒエラルキーの中では誰も文句を言えません。そういう傲慢な人間が自分でディベートして負けたら完全にアウトです。必ず勝った方を選択してしまいます。どんなに賢い大学生でも赤子の手をひねるに等しいような論理を、チベット密教も、もちろんカトリックも持っているのですが、そういった宗教の賢さというものを一般の日本人は知らなさすぎで、侮りすぎだと私は思います。多くの人にとっては、お坊さんといえば飲み屋か葬式で見かける人でしかないのかもしれませんから無理もないことではありますが。

しかしそうではなく、宗教には二千年、三千年単位の時間をかけて考え抜いてきたＩＱの高い世界があって、それを徹底的に研ぎ澄ましている集団もいるわけです。そのひとつが法王の親衛隊であるイエズス会で、イエズス会の神父になるためには博士号を三つ持ってないとだめなのです。神学と哲学と自分の専門分野の学問の三つを必ず持っている、そういう人たちがカテキズムをやっているわけですから、本気になればカトリックは唯一チベット密教に対抗できるディベート集団になれます。ただし、いかがわしい「宗教」も、必ずそういったエッセンスを持ち込んでいます。日本人は一般に宗教家を生臭坊主レベルで理解し、馬鹿にしているところがあると思うのですが、そうではない世界があることを知識として知っておいた方がいいと私は思います。牧師や神父や僧侶たちの中には、べらぼうに賢くてディベートに強い人たちがいることは事実です。その人たちと会わなくても、その人たちが書いたものを読めばわかります。それを、順位づけで一位になった東大理Ⅲの子たちが、その知能とIQをもって挑むと圧倒的に負けてしまうわけで、それが伝統宗教なら危険な方向に飛躍することは少ないですが、そうではなかった例がオウム真理教です。

実は『洗脳原論』では、オウム信者を脱洗脳するときに教義についてディベートしてはいけないと書いていますが、そう書いた理由は、幹部とディベートしたらほぼ確実に負けてしまうからです。また、末端信者の場合はオウムの言葉やマントラすべてがトリガーになりえますから、教義について話したりするとオウムの世界に引き戻すことになってしまいます。信者のお父さんやお母さんが不用意に教義について話してはいけないこともちろんですが、神学の知識に自信があるつもりの牧師や、チベットで修行してきた人まで含めて、教義についての話し合いをしてはいけません。そのくらいチベット密教の論理は突き詰められていて、その中の論理的矛盾に対する答えも、きちんと用意されています。だからなまじっかその矛盾をついてもボロボロにやられて帰ってくるのが落ちなのです。くどいようですが、オウムに限らず、宗教というものの論理を甘く見ないでください。

オウムはなぜ「ポア」するのか

さきほどからオウムの教義の元となったチベット密教の論理体系の深さを強調してきましたが、それがなぜ危険な思想なのかを、仏教の基本的な思想の説明をまじえながら話しておきましょう。

なんといってもオウムの教義の中で最も危ないのは、聞いたことがあるとは思いますが「ポア」の思想です。ポアの思想とは、仏教における空の概念を誤って突き詰めたところの思想です。日本にはこれまで本物の空の思想が伝わっていませんでしたから、ポアの思想を持った新宗教はオウムが初めてです。空の思想は、**アートマン（自我）**も空だと考えます。ということは、隣に人間がいても空です。殺してもいいわけです。それどころかその人間が悪い縁起を起こしているのであれば、その縁起に関わってあげた方がいいというわけで、殺すという縁起を作ってあの世に転生させ、次に生まれ変わってくるチャンスを与えた方がいいという論理です。オウム事件当時、中沢新一は、オウムについて「チベット密教を間違って解釈したからいけない」と批判していましたが、本当のところはまったく逆で、チベット密教を誰よりも正確に再現して、それを現代の都市でやったのがオウムなのです。実際、チベット密教には「グルにさからう弟子は逆さ吊りにして池に沈める」などと書いてあり、オウムはそれを文字どおり実践していました。言うなれば**チベット密教原理主義の団体がオウム**です。それで、ポアも本当にやってしまいました。チベットでも本当に「敵はポアする」などと言います。生き仏が人間をポアすると、死んであの世に転生すると今でも信じているのです。ただチベットでは超能力であの世に転生させるのですが、それができる能力がないということで、サリンを使ったのがオウム事件というわけです。

そもそも**空の思想**とは何でしょうか？　たとえば映画館で映画を観ていると、本当にリアルな本物に見えるけれど、よくよく近寄ってみるとただの光の粒に過ぎない。現実世界でも、たとえば目の前にある机はもちろん本物の机があるように見えているのですが、突き詰めればクォーク、素粒子の状態に過ぎないわけです。それが空の思想です。だからこそ、どんな悩みも苦しみも、それは私の心が生み出しているだけで、**観測者のあなたが作り出した情報状態に過ぎない**という思想なのですが、解釈の仕方によると、「隣にいるこいつだって空なんだから、こいつが悪い縁起を起こしているのだったら殺してあげた方がいい」という論理が生まれてしまうのです。

それに対して、「隣の人間も空だから殺してもかまわない」という論理が生まれないように、後の龍樹《ナーガアルジュナ》＊6が体系化したものが**中観思想**です。龍樹が言うには、空に対して仮観という立場を持ちます。仮観とはどういうことかというと、「機能」を持たせることです。要するに、ある存在に役割を持たせる。たとえば「私は今映画を観ている」「映画のスクリーンにいるジェームズ・ボンドは、本物ではない」「それどころか画面まで近づいてみたらただの光の粒だった」という展開は、完全な空観です。ところがこれを「でも私は今デートしているところで、ジェームズ・ボンドを観て楽しい」となると、映画に役割があるということになります。このように、**何かに役割を持たせるのが仮観**ということです。仮の観方《みかた》。とすると、目の前の机はただの素粒子だといっても、パソコンを載せられるという役割があります。仮観です。仏教の根本的な考え方からすればすべての実在は空ですから、あくまで「仮の」観ですが、その**空観と仮観を上手に維持する思想を中観**と言います。要するにどういうことかと言えば、「映画館で隣にもうひとり人が座っている」「ポップコーンをバリバリ食っててうるさい」「この世に悪い縁起をもたらしている。ポアしてやった方がその人のためになる」と空観を突き詰めたら思うところを、「しかし私はデートしていて、彼女と楽しく過ごしている」「この人たちも同じように映画に役割を持たせている」——そう考えると自分も役割を持たせている存在であるという縁起の中での自我ですから、あちらにも縁起の中での自我という存在が生まれているということを認めてあげることができるわけです。そうなると、ポアしていいことにはなりません。それが中観思想です。

元々のブッダの思想の中にきちんと中観思想は含まれていて、それを体系化したのが龍樹です。空の思想がなければ中観思想は生まれませんし、仮観だけならばプロテスタンティズムに近い思想になります。プロテスタンティズムは言ってみれば仮観の宗教ですから、原理主義になれば戦争を引き起こします。また逆に空観だけでもポアの宗教になってしまいます。原理主義チベット密教はそれをせずに空観ばかりを追究しているのです。それはおそらく山奥だから、中観をやるほどに仮観を持たせる世の中がなかったからだと思います。だから空観だけですべての苦しみから逃れる生き方をしないといけなくなり、それを突き詰めることになったのではないでしょうか。龍樹の時代、お釈迦様の頃よりも社会はだいぶ進歩して、中観という概念を生み出せる状態だったのだろうと思います。ブッダの論理の中に最初から中観があるとはいえ、龍樹が作り上げたと言われるのはまさにそのことではないでしょうか。

現代のように、仮観が過ぎると戦争を起こします。仮の機能そのものが絶対になってしまうと、ビルは高ければ高いほど、自分の土地は広ければ広いほどいいということになります。逆に空観だけだと、自分の気に食わない世界は全部リセットすることになります。現代に平和をもたらせるのは中観思想の他にありません。

我々の住んでいる日本社会は、まだ中観には行き着いていません。なぜならば日本には中観の基盤となる空観が本格的に伝わっていなかったからです。少なくとも宋へ行った道元や栄西の時代の人たちは、禅宗を興したとは言ってもオリジナルな釈迦の「空」の概念を知らなかったのです。中国で道教化された「空」概念しか学んでおらず、本来の「アートマンさえ空である」というところまではどうやら学ぶことができませんでした。そもそも中国では、サンスクリット語の仏教経典は破棄され存在していなかったからです。それがタイムカプセルのように保存されていた大蔵経がチベットで発見されてから、初めて日本の宗教者たちは釈迦のオリジナルの空の概念を知ったのです。

言うなれば、日本に空観思想が伝わったのは二〇世紀になってからということになりますが、大蔵経が見つかった当時は、サンスクリット語やパーリ語の原典から空を導き出すというムーブメントが始まり、同時に密教的な動きも起こりました。お釈迦様の言ったことは哲学的とはいえ、やはり宗教ですから、本質的には密教的な部分――グルが弟子に伝える技術があるわけですが、それをどうしてもみな知りたかったのです。そして、チベットで修行してきたという麻原が現代の空海だというふうに、みな思わせられてしまいました。そう思わせた張本人は中沢新一で、騙されてしまったのが島田裕巳氏や荒俣宏氏です。どこの誰よりも麻原を誉めそやして雑誌で対談などしていたくせに、逃げ足の最も速かったのは荒俣宏氏です。中沢はもっとずるい立場です。自分がオウムそのものなのに、何もなかったかのように振舞っています。いちばん問題なのは中沢です。

オウムの"A級戦犯"中沢新一

九五年当時、いわゆるオウムシンパと呼ばれる学者たちがいました。彼らについては二つのカテゴリーに分けて考えなければならないのですが、一方は、島田裕巳氏や荒俣宏氏のような、本気で騙されてしまった人たちです。荒俣宏氏は雑誌で麻原と仲良く写真を撮っていますし、島田裕巳氏も上九一色村にまで行っていながら宗教施設であるなどと書いていて、完全に騙されました。[*7] そういうグループと、もう一方は確信犯、中沢新一です。要するにオウム教義を作った人たち。本当であれば彼だって今頃刑務所にいなければいけない人間です。しかし彼は巧妙に立ち回って、一度も叩かれていません。私は教義を作るのに携わっていたオウム信者本人から、「中沢新一先生に教義を作ってもらいました」とはっきり聞いています。オウムの教義には中沢新一のところに通った石川公一が大きな役割を果たしています。石川公一も上祐と同じく、地下鉄サリン事件に実行犯として直接関わっていないという理由で、逮捕されたものの極刑を免れています。でもオウムの洗脳プログラムを作ったのは医学生だった石川公一で、林郁夫ではありません。林郁夫は命令されてやっただけです。もちろん林郁夫も確信犯であることには変わりありませんが、教団内のランクで言うと石川公一の方がはるかに上なのです。石川公一はオウムの洗脳と教義を作った最重要人物です。石川は中沢新一のところに通ってチベット密教を教えてもらい、洗脳プログラムと一緒にオウムの教義を作りました。しかも、釈放されてから中沢が教授をしていた中央大学に入学したのですが、それは中沢新一が引き込んだからです。

ニューアカデミズムと呼ばれていた中沢新一はチベット密教礼賛です。ディコンストラクション（脱構築）がなぜニューアカデミズムになるのかよくわかりませんが、構造主義から認知科学への当然の流れをいち早く日本に紹介したのが浅田彰さんでした。同じようなことが宗教界で起こったのは、チベット大蔵経が大量に発見された時からです。日本の仏教界が本来のサンスクリット語やパーリ語の経典に出会ったのはそれが発見されてからのことなのです。それで宗教学者たちがこぞって勉強を始めたのが、まさに中沢たちの師匠の時代です。島田氏はかなり本気で勉強したと思いますが、中沢がそうだとは思いません。ただ、中沢は本当に原理主義チベット密教信者なのです。オウムはダライ・ラマに多額な献金をし、チベットのあらゆる密教寺院からパーリ語やサンスクリット語の秘伝のお経をキャッシュで買い集めていました。中沢はいち早くそれを取りよせて読みたかったのかもしれません。実際にチベットに行って修行もしています。彼の著作に、有名な『虹の階梯』がありますが、これはオウムのバイブルです。サリン事件当時、オウム信者を捕まえて接見禁止にし、本もオウムのものは全部差し入れ禁止になっていましたが、『虹の階梯』は差し入れOKでした。これはかなり大きなミスだったと思います。オウム信者は彼らのバイブルを事実上、手に入れることができたわけですから、独房の中でより帰依を深めていた可能性すらあります。実際に、当時公安当局から聞いたことですが、独房に入れられていたオウム信者が取調べで口を割りそうになったときに、『虹の階梯』を差し入れされた後に口をつぐんでしまったということが事実としてありました。

中沢は当時のことについてコメントをしませんし、無視しています。しかし、当時捕まったオウム信者たちの口から中沢新一の名前が出ていますから、言い逃れはできません。オウムの教義は中沢新一が作ったと言っても過言ではありません。もちろん彼以外にも何人かのシンパがいますが、中心は間違いなく中沢です。

島田裕巳氏とは異なり、中沢を含むオウムシンパの学者や知識人たちというのは、オウムにはまった人間たちとまったく同じで、心からチベット密教を信じているのです。オウムという団体には入らなかったかもしれませんが、思想はまったくオウムと同じで、心からそういったチベット密教超能力のような世界を信じています。それは第一章でも言及したとおり、ナチズムに繋がる思想です。お坊さんでもほとんどの人が知らないようですが、「卐」(鉤十字《ハーケンクロイツ》)はヒトラーがチベット密教に憧れてナチの旗に使ったのです。ヒトラーは超人思想の持ち主で、チベット密教はナチズムの元になったのです。有名な神秘思想家ゲオルギィ・イワノヴィッチ・グルジェフが持ち込んだ神秘主義にヒトラーは憧れていました。グルジェフやヘレナ・ブラヴァッキーたちがチベットまで行ってきて、ヨーロッパに伝えたチベット密教が、おそらくドイツの神智学協会みたいなものを作り上げたと私は考えています。そのあたりででき上がった神秘主義と、バリバリの原理主義プロテスタンティズムが結びつくと、そのまんまヒトラーの超能力思想に繋がって、それが彼の優性遺伝思想になるわけです。それを生み出した大もとはチベット密教です。少なくともチベット密教は私にとってはカルトです。

　私はことあるごとに「よくダライ・ラマにノーベル平和賞をあげましたね」と言うのですが、麻原彰晃が影響力を持っていく中でポイントになったのは、結局ダライ・ラマとの個別謁見でした。このことが日本のスピリチュアリズム史上非常に大きなターニングポイントだったと思います。ダライ・ラマという人は西洋世界においてはある種スピリチュアリズムの本山のように見られている人ですが、彼が麻原の言わば「保証人」になるような担保を与えたことは間違いありません。ダライ・ラマはオウムから七〇万円しか受け取っていないことになっていますが、私が洗脳を解いた女性幹部から聞いた話では、彼女だけでも億単位の金を持っていったということです。おそらく数十億円はつぎ込んでいるでしょう。

しかし、なぜオウムのような団体のシンパとなる学者が現れたかといえば、平安の頃に僧として先輩である最澄が、空海に「弟子にしてくれ」とまで言って学ぼうとしたのが密教だったように、たとえが良すぎますが、実際に修行をしてきたと皆が信じていた麻原に学者たちも学びたかったということではないでしょうか。

中沢新一の危険な思想

私は、現代日本のスピリチュアルの総本山は中沢新一だと思います。そして、布教の最大の担い手として江原さんがいるとしたら、それを中沢が別のベクトルで、つまりさもスピリチュアルと関係のないように見せかけて、いきなり登場させた本というのが、今をときめくコメディアン太田光とのコラボレーション作品である『憲法九条を世界遺産に』だと思います。中沢はこの本を使って社会復帰しようとしている、それだけの意味しかありません。彼は日本という国をターゲットにテロリズムをはたらいてサリンをばら撒いたオウム真理教の黒幕です。そして彼こそが、オウム真理教の、タントラ・ヴァジラヤーナ（真言秘密金剛乗）に代表されるチベット密教の一番過激な教義を作り上げたわけです。さらに、今も活動しているメンバーから崇拝されています。

中沢新一とオウムのつき合いが始まったのは八九年、九〇年頃で、おそらく坂本弁護士事件の前後くらいからだと思います。それ以来、サリン事件の直前までつき合いが続いていました。もう忘れられているようですが、彼はメディアで「オウムは米軍に攻撃されている」というような発言を九五年にしていたほどです。ある程度以上のアカデミズムの人間は、中沢新一＝オウムと見なしています。サリン事件以来、彼の言論活動は極めて制約されていたはずだったのに、人気タレントと対談することによって、テレビも含めて活動したいという彼の目論見が見えます。*8

この本で最初に上手いと思ったのはいきなり宮沢賢治から入ったことです。太田君は宮沢賢治の二面性という話題にパッと食いついています。その話を進めると、まるで中沢が宮沢賢治であるかのように読者の中で置き換えが起こる仕掛けです。宮沢賢治は優しい童話作家というイメージがありますが、実は、宮沢賢治はテロを否定していません。国粋主義者が起こした事件に賛同を表明しています。賢治のテロ肯定の思想を、実は中沢は隠さずそこで出しています。この本は単に「憲法九条は珍しいから保存すべき」と言っているだけでたいした内容はないんです。でもそれが彼のやり方です。オブラートに包んでちょっと美的な表現だったり不思議な比喩があると、読者はつい「おおインテリゲンチャだ」と思ってしまう。ところが中沢の場合に気をつけないといけないのは、そこにオウムの教義であるタントラ・ヴァジラヤーナを隠しているからです。太田君に自分の発言を紹介させているくだりは、ある意味上手いやり方ですし、ひどい手口とも言えます。

「実は、殺すことによって得られる恍惚感、エクスタシーというものが実在するということ。つまり、殺人、あるいは自殺は気持ちよいということ。〝死の魅力〟を現在は、決して表現してはいけないことになっていること。表現するどころか、そういった恍惚感が存在することも決して認めてはいけないことになっているということ。

殺人によって得られる快感などは、無いものとしておかなければならないということ。そこに嘘があり、それが問題なのではないかという話をした。」（『憲法九条を世界遺産に』）

これが『憲法九条を世界遺産に』というベストセラー本の本質であり、まさに中沢の思想です。中沢は殺人をエクスタシーと共に語るどうしようもない男です。こんな人物が多摩美術大学の教授をしているとはあきれ果てるばかりです。

結局、中沢新一と江原啓之氏の二人は、インテリに対してと大衆に対してとで役割は違いますが、現代日本のスピリチュアリズムを推進する旗振りということです。ただ、江原啓之氏に関しては、彼が今言っていることが危ないというのではなくて、彼が生み出しているカルチャーが危ないわけです。勝手に独り歩きを始めるからです。

オウム真理教は一九九五年にサリン事件の「失敗」によって、ある種の崩壊を迎えました。オウムが引き起こした事態は、近代のスピリチュアリズムが招いたひとつの極限の形です。それは、スピリチュアリズムの行き着き先であり、ファシズムの行き着く先だと思います。表向きはオブラートにくるんではいますが「この世はどうでもいい」と現世利益を否定しますから、最後は非常に危ないところまで行くわけです。社会が進む方向に警鐘を鳴らすべきメディアが逆に「これは危なくない」という宣伝をしていることが怖いんです。麻原彰晃と中沢新一によるスピリチュアリズム運動は、サリン事件によって壊滅的ダメージを受けたし、日本のスピリチュアリズムは本当なら終焉していなければいけなかったはずです。ところが、これほどわかりやすくてこんなに受け容れられやすい論理はないから、スピリチュアリズムは何度でも頭をもたげてくるのです。そのうえスピリチュアル側の論理が次第に巧妙になってきています。中沢のようなスピリチュアリストに騙されてはいけません。

第四章

脳と心とスピリチュアル

「ファッション」とは何か

ここで私は、一見スピリチュアリズムとは関係ない話をしてみたいと思います。ファッションのことです。**機能**という意味でのファッションについて考えてみたいのです。

たとえば、あるエリート証券マンが株で大失敗して浮浪者のようになったが、何かのきっかけでもう一度立ち上がるとします。彼はまず「電話とFAXをよこせ」と言い、次に背広とネクタイを要求します。つまり「証券マン」の定義の中に、電話とFAXと背広とネクタイが入っているということです。電話とFAX、今はEメールも必要でしょう。なぜなら仕事の機能のひとつだからです。言うなればそれらが職能的機能定義だと言えます。顧客に株価情報を送るためのFAXと同じように、背広とネクタイは元々証券マンの機能でした。たとえばTシャツにジーンズを穿いていきなり「株買いませんか」と訪問しても追い返されてしまいます。

さらには、金融という業界の中でも「証券マンっぽい服装」というものがあるでしょう。証券マンの中ではM社風だとかN社風だとかいう具合に特徴のある服装がきっとあるだろうと思います。

要するに山で柴刈りをする人と海で釣りをする人の服装は違っていて、まさにその仕事に合わせた機能に特化させた服装で、その人の職業がわかる。それを表に出す場合と出さない場合があって、たとえばフリーメイソンの場合は、ヨーロッパ中のお城を作りに行くときに特殊な握手を交わしていたと言われています。それは言わば「秘密のファッション」です。フリーメイソンという組織は、私の知っている限りでは城壁と城を作っていた、ただの石工の組合《ギルド》です。敵に向けて秘密の抜け穴があったり、わざと壊れるように作った城壁があってはまずいから、技術と信用の両面で安心して任せられる職人でなければなりません。それを保証する石工の組合がフリーメイソンでした。フリーメイソンの石工はヨーロッパ中どこへ行っても、その握手によって自分のレベルに見合った給料と仕事が保証されます。そのとき真似したり盗まれたりする可能性のある服ではいけないので、秘密の握手の仕方を作ったというわけです。

本質的にファッションには、他人に対して「私はこういう人です」という情報を送る機能がまずあります。不特定多数に対して自分がどういう者かを知らしめるということです。もうひとつは、大体は自分の属するグループですが、特定少数に対して地位など何らかの自分にまつわる情報を、わざわざ言語を発さなくても伝えられるという機能です。特定少数に対する暗号化通信は、暗号の鍵を交換する相手が先にわかっている必要がありますが、不特定多数に対する暗号化通信の場合は、先に相手がわかっていなくてもその人と情報の伝達ができなければなりません。これは二〇世紀の公開暗号鍵の時代になるまでは有効な方法は存在していませんでした。メイソン方式は、最初から秘密の情報を共有しておきます。カレッジ・リングというものがありますが、ある大学の卒業生だけを対象としていますから、それも特定少数です。

あるファッションが売れるかどうかは、その中の何らかの情報抽出部分が特化していって、情報を受け取る側のロールモデル——「こうなりたい」と思う仮想の自分をいかに象徴的に表せたかどうかで勝負がつくわけです。たとえばルイ・ヴィトンの鞄を持っていれば「壊れない鞄」という機能以外の何かです。たとえばその鞄を「女優の〇〇が持っている」とか「持っているとお金持ちに見えてかっこいい」などという細かい情報が重なり合って、ヴィトンの鞄を持っている者同士が「仲間だ」という意識を持ち、その中で「自分のランキングはここ」という評価を得る。もちろん、ヴィトンの鞄を持っているからといって何かを保証されるようなことはなく、つまりは幻想に過ぎません。「これを持てば

○○のようになれる」という幻想を、いかにも現実であるかのように夢を売るのがファッションでありファッション誌で、それを文化として楽しむのであれば何の問題もありません。ただ、そこにやはり先ほど述べたような本質的な自己矛盾があって、実はその暗号を受け取って解読してくれる通信相手はいない。そこで「仮想の他人」を自ら作り出すことになるのです。温かい涼しいという最低限の機能に加え、自分の職業の中で受け容れられるという機能で満足であれば、あれこれと服装に悩まずにすみます。本質的機能以外の付加価値をつければつけるほど、デコード（解読）不能になるにもかかわらず、自ら作った「仮想の自分」に振り回されてさらに付加価値を得ようとするのです。

ところで「仲間」と述べましたが、この場合仲が良いかどうかは別の話です。少なくとも同じルールに則って喧嘩ができる、もしくは手を結べるという意味での「仲間」です。簡単に言うと、ビジネスは最初からルールに則った喧嘩であり、資本主義は弱肉強食の喧嘩です。例としてあげた「証券マンの背広」にしても、「背広」の語源は英国のビジネスマンが仕立屋の建ち並ぶSavile Row《サービルロウ》という通りの店で、こぞって服を仕立てたことに由来すると言われていますが、背広を着ることは、すなわち「ビジネスマンとしてフェアプレーに則って戦います」という情報を相手に送るということなのです。

そのビジネスマンたちが大英帝国を大きくしてきましたが、もしかするとそこに付随していた大いなる錯誤は「キリスト教徒でない者は人間ではない」という論理と同じで「Savile Row を着ていない」→「ビジネスマンではない」→「フェアファイトである必要はない」→「搾取しても問題ない」という論理かもしれないと想像することもできます。たとえば六本木ヒルズの面々にとっては、六本木ヒルズに住んでいることが言わば背広と同じで、本人にまつわる情報が抽象化されたシンボルです。そしてそのシンボルのエンコーディングとデコーディングが問題となるわけですが、そんな風に自分の「定義」のつもりでファッションをやっている人には申し訳ないですが、それをデコードしてくれるのは、自分自身だけか、良くて同じように勘違いした特定少数だけですから、「バカですね」と言うしかありません。

そのものの本来の機能以外の遊びの部分が文化であり芸術であることは否定しませんが、たとえば志茂田景樹さんのように、アートとしてファッションをやるならば「他人」の目を気にする必要はありません。

「アート」と「機能」

アートに「他人の目」は関係ありません。売れようが売れまいがどうでもいいのです。モーツァルトはきっと評価されようがされまいが「これが完璧」と思って作曲していただろうし、ゴッホだってそうです。じゃあたとえば売れてる音楽はアートじゃないのかというと、語弊はあるにしろ、私はそのとおりだと答えます。売れているということは必ずプロデューサーやディレクターがいるわけで、売ることだけを考えているものがアートなわけがありません。それは資本主義のからくり上、アートにはなりえないものです。アーティストがスターへの階段を上がっていく過程で、まずはディレクターがそのアーティストを見出して、売り出すためにプロデューサーを説得します。そこから社長を説得するに至るまでの間に、彼らは「売れるか売れないか」だけで判断します。売れるか売れないかは過去の前例の問題で、「過去に売れたものに似てるかどうか」で、アートと何の関係性もないのです。少なくともたいていの芸術はすでにあるものを否定するところから始まるものです。そうしないと「表現」にはなりません。そして「他人の目」を気にしません。ということは、売れるはずがない。売れる大前提は「他人の目」を気にすることですから、売れた瞬間からそれはもう芸術じゃなくなると思った方がいいくらいです。先ほどもお名前をあげた志茂田景樹さんのファッションは、まさに「これは俺だ」という自己主張、アートです。

何がアートかという判断には、ある人にとって心地よいか否かという情動的パラメータが入ってくるので、一概には定義できません。しかし少なくともアートでないものは簡単に定義できます。つまり、「自分の目ではなく他人の目を気にしたもの」はアートとは呼べません。だからアートは難しいわけで、たとえ「自分の評価」と思っていたとしても、作り上げた仮想の自分が評価しているものはもはや「自分の評価」ではありません。仮想の自分はすべて、「他人の目」に対して理想的な自分であって、それがいくら評価したって自分の評価ではないのです。中心まで遡った自我が「これだ！」と思った自己表現、それが初めて芸術たりえます。そこに「他人の目」は一切要らないのです。

アートと同じく、機能についてはどうでしょうか。

機能の持つ情報を抽出したシンボルというものを考えると、シンボルが生まれる前提にはニーズがあります。証券マンに資金を預ける際にはTシャツではなくて背広を着た証券マンに預けるわけで、その服はシンボルとしての役割を果たしています。

そうすると、シンボルそのものに対して評価をする人が出てきます。たとえばアメックスのブラックカードをご存知かと思いますが、これは言わば昔のプラチナカードであって、単にプラチナカードを誰にでも配ってしまって増えすぎたから作り出されたものです。

私がアメリカで研究生をやっていた頃のことですが、会社員時代の名残でプラチナカードを持っていました。あるとき大学で著名なコンサルティング会社の会社説明が行なわれた際に、私がその会社に対してソフトウェアを売り込みに行ったことがきっかけで、面接に来るように誘われました。その会社は、シリコンバレーのすぐ近くにできたばかりで面白いと思ったので行ってみたときのことですが、泊まったホテルが私の背広をなくしてしまったんです。ところがホテルマネージャーは、日本人の学生みたいなのが背広がないと怒っていても取り合わない。服がなくなることは安ホテルなら珍しくありません。でもさすがに面接には背広を着るというルールがありますから、困りました。それで、アメックスのプラチナカード・デスクに電話したところ、まもなくマネージャーが飛んできて私を車に乗せ、紳士服店に連れて行って「どれでも好きなのを選んでくれ」と言いました。アメックスの弁護士がホテルに電話して、「今から○時間以内に背広を用意しないとホテルを訴える用意がある」と一喝してくれたわけです。それで無事背広を着て面接に行くことができました。それが今から二〇数年前のことです。

ところが、たとえばその一部始終を目撃していた人がいたとして、「プラチナカードって凄い」となると、その機能を目的としてではなく、「プラチナカードを持っているのはかっこいい」という付加価値を目的としてファッションで持つようになります。プラチナカードのサービスが低下せずに本来の機能を果たしていたのが一九八五年から九〇年頃。それから二〇年経って、今はプラチナカードも珍しくありません。シンボルが独り歩きした結果、もはやシンボルではなくなりました。シンボルが独り歩きすると、今度はシンボルが、本人にまつわる情報を抽出して伝えるという本来のはたらきをしなくなるわけです。クレジットカードは、まさにその人が「ある一定額に達する消費行動を行なう経済力を持つ」ということを示すシンボルで、その意味で自己にまつわる情報をそのまま反映しているもののはずですが、「プラチナカードを持っているのはかっこいい」ということでシンボルが独り歩きした結果、それを持っていたところで支払能力に対する正当な評価にはならなくなります。するとまた新手のブラックカードやチタンカードが出てくるという競争です。

機能と芸術という、まったく違う分野で起こっていることですが、同じことだと私は思います。本来の意味での機能とは、ある存在の本質に対して極めて重要な性質の一部分になるわけです。

話は戻りますが、芸術としてのファッションはモーツァルトにとってのピアノや音符のようなもので、表現の手段です。それによって表現した音楽を誰がどう聴こうと、関係ありません。芸術家の中で、「自分にとって心地よい」「こういう在り方が自分にとっては嬉しい」と思う存在そのものの表現を色や形、音というシンボリックな手段で示したものこそが、アートです。ファッションやカードがシンボルになること、それじたいには何の問題もありませんが、それに対する他人の評価を気にすることは、シンボルを独り歩きさせることです。独り歩きしたシンボルは、現在私たちがfashionと呼ぶところの「流行」という意味となってしまいます。しかし何度も言うように、それは「他人の評価を気にする」ファッションですから、本当の自己表現であるわけがないのです。

ひとたび仮想評価を始めると、どんどん新しい評価を加えて、どんどん自分の本質から離れていきます。いつのまにかその評価の方が主となって、今度はその仮想評価にとって自分がふさわしいかどうかの問題に変わってしまい、本末転倒してしまったが最後、また新しい「評価」が加わるごとにそれにふさわしいように自分を変えなければならないということになります。表現する主体であったはずが「評価」によって揺さぶられるという馬鹿げたことになってしまうのです。要するに、「あれを手に入れたい」と思う自分は、なぜそれを欲するのかを究極的に突き詰めて考えなければ、いつまでも揺れ動くしかないということです。これは、先に言った「終わらない自分探しの堂々めぐり」と同じです。「なりたい自分」を探し求めれば求めるほど本質から遠ざかっていき、そこに生じた不安や心の空洞を埋めるのは、神秘的な体験、超人思想への憧れをかき立てるセラピストやスピリチュアル・カウンセラーなのです。

実は、スピリチュアリズムとは一見アート的に見えて、似て非なるものです。できの悪いファッションのような気がします。端的に言うと、ご都合主義のかたまりなんです。

情報空間に広がるホメオスタシス

スピリチュアリズムを理解するときに、**ホメオスタシス**はとても重要な概念です。三章で私は、暑ければ汗をかいて体温を調節するなどの生体維持機能が、たとえば映画という仮想世界を観ていても、驚いたら心臓が現にドキッとするように、情報空間にまで広がっていると説明しました。

確かに元来ホメオスタシスとは、環境と生体とのフィードバック関係によって、環境に対して生体を調整していこうとする作用のことを、個のレベルで言う言葉でした。もちろん種のレベルでも起きているはずですが、ホメオスタシスは個のレベルでのことを表します。生理学的定義では、環境の定義は物理環境、生体の定義は物理生体のことしか言いません。しかし、脳機能学者の立場からは、物理環境と情報環境の差はまったくありません。環境は最初から情報だからです。先ほども言ったように、眼で見て耳で聴いて鼻で嗅ぎ、舌で味わい、手で触るという、すべてが脳で認識する情報です。物理的なものか情報なのかを区別することに意味はありません。

元々人の脳は、物理環境のすべてを感じることなどできないのです。眼は可視光線しか見えませんし、耳は可聴領域の音しか聴こえません。環境のほんの一部を認識しているに過ぎないのです。それプラス、あたりまえのようですが、「脳は知っていることしか認識できない」ということがわかってきたわけです。つまり、環境とは情報そのものということです。それゆえ、そもそも最初から情報であるものを、物理環境と情報環境に分ける方が変です。生体についても同じで、物理的生体と情報的生体は同じものです。脳と心は同じもの。

つまり、ホメオスタシスは情報空間まで広げて考えないと元々つじつまが合わない概念なんです。

生体同士のレベルでホメオスタシスの同調が起こる例として、よく私が例にあげるのが、一緒に住んでいる女性の生理周期が同じになってくることです。人間の生体のホメオスタシスは物理的に同じ空間にいるだけで同調してきます。ホメオスタシスが情報空間に作用すること、そして物理的生体と情報的生体は同じものだと言いましたが、たとえば人は、強い信念を持つ人に必ず同調して引き込まれます。つまり、どちらが強く臨場感を持っているかということです。情報空間における身体が大きければ大きいほど、臨場感が強ければ強いほど、引き込まれ同調させられていくわけです。

「ハーレム男」とストックホルム症候群、ラポール

これを利用したのが「ハーレム男」の例です。ホラー話みたいなものになぜ女性たちが脅えたのか、「ハーレム男」から離れられなくなったのかということですが、普通の人であ

れば「逃げようものなら宇宙人が来てミンチにする」と言われても、「何それ？」と思うところを信じてしまう、荒唐無稽な脅しが効くというのがストックホルム症候群と言われるものです。ストックホルム症候群のからくりは、実は精神科医と患者の関係と同じで、それを**ラポール**と呼びます。ラポールというのは信頼感そのもので、その信頼感というのは、同じ世界を共有すると出てくるわけです。術者と被験者がいるとします。被験者がひとりの場合、術者と被験者の二人の間で臨場感世界を共有することになります。臨場感を共有するということはホメオスタシスを共有することで、それによって生まれる現象がラポールです。

そして、被験者が複数の場合には何が起きるかというと、全員が同じ臨場感世界を共有していると、被験者たちの中でお互いの間に強いラポールが生まれるわけです。だから、「ハーレム男」から離れられないあの一一人の女性たちは通常であれば嫉妬し合うはずなのに仲良しなんです。そしてこの臨場感世界の支配者に対してより強力なラポールを全員が同時に持ちます。これがストックホルム症候群のからくりです。「ハーレム男」の場合は女性たちを監禁したわけではありませんでした。よくこの点を勘違いされるのですが、監禁は脅しのための単なる道具です。監禁はより強烈な脅しにはなりますが、ストックホルム症候群に陥らせるために監禁する必要はありません。たとえば、銃を突きつけられて命の危険を感じる状態になったりすればもの凄く強い臨場感が生じます。臨場感が強いというのは、すなわちホメオスタシスの強度でもあります。生死に関わるような状態であれば普通の状態よりなおさら臨場感が高いわけです。ということは、マシンガンを突きつけられた状態というのは、生死に関わる状態だから強いホメオスタシスが生まれているわけです。

だから「デートはつり橋で」、それもいつ落ちるかわからないような危ないつり橋でと言われるわけです。実はそのからくりはあまり知られていませんが、二人で臨場感を共有することになるからです。しかし、いちばん強いラポールが生まれるのは、実はつり橋を揺らしている人に対してなんです。というのはつまり、つり橋を揺らしている人が臨場感の支配者だから、揺らしている人を好きになってしまうわけです。

恐怖は強いホメオスタシスを生み出します。脅されている人同士で互いにラポール、連帯感が生まれます。でもいちばん強烈にラポールを抱くのは脅している人に対してです。それがストックホルム症候群です。「ハーレム男」は、まず広告を出して二〇〇人ぐらいを勧誘し、来た女性たちにひとりずつ面接しました。最初は暗いところでいきなり電気を点けて変性意識状態にしたところで、真っ黒の頭巾をかぶって変装して出てくる。そうやってギャーと怖がらせるところから始めるわけですが、そこで何人かは逃げ帰ってしまいます。逃げ帰らずに残った人たちは、よほど被暗示性が高い人でしょう。元々被暗示性が高いから強烈なストックホルム症候群を起こすわけです。そして臨場感世界の支配者を好きになります。一度好きになってしまうと、あとはあばたもえくぼです。ちなみに、被暗示性が高い低いというのは方法論に合う合わないの問題であって、絶対的な基準にはなりません。光刺激だったり音刺激だったり、それぞれに感受性が高い人が色々といるわけです。「ハーレム男」のスクリーニングで残った女性は術者のやり方に合った人が選ばれたということになります。もし仮に、ミルトン・エリクソン級のレベルの人が行なったなら、すべての感覚を利用することができますから、二〇〇人全員が取り込まれたかもしれません。

死とスピリチュアル

カルトの教祖みたいな人にはまってしまうメカニズムがなんとなくわかったところで、スピリチュアルな世界を信じる人たちが、ほぼ全員「ある」と思っている「死後の世界」について考えてみましょう。

死後の世界はあるのか。「あの世」はあるのか、ないのか。お釈迦様はそんなことで悩むよりもっと有意義に時間を使えと言ったわけですが、古来日本人が、死を「あの世への新生」とする死生観を持ち、現代人が「生まれ変わり」を信じたがるのも、誰もが避けられない死というものへの怖れからなのかもしれません。九〇年代にＮＨＫで放映された臨死体験番組には凄い反響が寄せられたと聞きますし、「人が死ぬときにはどうなるのか」ということに潜在的関心があることは事実でしょう。テレビも臨死体験のコンテンツが大好きです。三途の川とか蓮の花が見えたという番組を観たことがあると思いますが、いわゆる臨死体験とは脳が壊れていくときの現象です。日本で臨死体験の一番の権威は現在京都大学にいるカール・ベッカー氏ですが、彼は私が現役だった時代からディベートで有名な先生でもあります。いろんな人の臨死体験をインタビューして集めています。

二つのことを事実として説明すればわかりやすいと思いますが、まずひとつはドーパミンをはじめとするありとあらゆる脳内伝達物質が、脳が壊れるときに大量に放出されます。ですからまず、気持ちが良い。脳幹の中心の中脳のところ、ＶＴＡ領域からいくつかの経路が伸びていて、脳幹の中のドーパミン細胞からドーパミンが大量に出ます。要するに、臨死体験のときは超大量の脳内伝達物質が出て、凄く気持ちが良い体感をする。同時にありとあらゆる幻視・幻聴・幻覚が起こります。

もうひとつは、時間が無限に長くなっていきます。時間感覚が変わっていくわけです。たとえば走馬灯のように自分の人生の歴史を見るとか言いますが、それはあたりまえのことで、脳内の神経細胞が壊れるにあたってとてつもない脳内伝達物質が放出されますから、最後の最後に脳が超活性化されるのではないかと思います。線香花火の最後の一瞬のようなものです。すると、たくさんの記憶を同時に見る。脳は元々超並列的な計算機なのです。我々の脳はふだん生きているときは凄くシリアルに（ひとつずつ順を追って）認識しますが、つまり、ひとつのことを認識しているときは他を認識できません。それが臨死体験のときは、同時に全部認識するわけです。走馬灯のように一生を経験するというのは、一生をシリアルに経験しているのではなく、短い間に一生の体験を全部同時に認識するわけです。内省的には一生を全部ゆっくり体験したかのように感じています。時間の感覚がどんどん変わっていくからです。生という状態から限りなく死に近づいていく、死という接点に向かって永遠に近づき続ける接線のようなものです。死んでいく人にとって、体感としての時間はとてつもなく長くなっていきますから、もしかすると死は永遠にやってきていないかもしれません。

ドーパミンという物質は、運動するための、進化のための情報伝達物質です。情報空間に身体性を求めるためにはドーパミンが必要です。だからA10神経束が前頭前野にまで伸びているわけです。ドーパミンは快楽物質だと思われがちですが、快と不快の、両方の強い刺激で出ます。運動の伝達物質が運動と関係のない前頭葉の抽象思考分野に繋がっているというのは、抽象空間で運動しているわけで、それが思考作用なのです。我々がものを考えるのは抽象空間での運動のことで、ＩＱが高いということは抽象空間での身体性が高いということです。

話を戻しますが、要するに、「あの世があるかないか」を考えたときに、「ない」と考えればそれは簡単な話で、死んだら終わりです。一方、「あの世がある」と考えた場合は、あの世は極めて抽象度の高い空間なわけで、つまり高度な抽象空間に入っていくためには、大量のドーパミンが要るわけです。だからその準備運動として、臨死状況で大量のドーパミンが出ているということはありえます。その先は、あるにしてもないにしても、考えてもしょうがないことです。

単に脳で起きている現象だけを言えば、臨死体験は脳が壊れていくときの過程です。そのときには、ありとあらゆる伝達物質が出ていますから、もの凄く気持ちが良いし幸せな気分になります。

その昔、アメリカで反戦運動やヒッピー・ムーブメントが盛んな時代に、ＬＳＤが流行しました。ヒッピーたちにとってＬＳＤは平和の薬で、本当にＬＳＤがあれば世界平和が実現できるのかもしれません。しかし、ＣＩＡがＬＳＤは洗脳薬として使えるからということで禁止しました。世界が平和になってから皆でＬＳＤを使うといいかもしれません。平和になる前に使うと洗脳されるから危険です。ただ、瞑想に成功すれば、ＬＳＤを使うよりもドーパミンが出ますから必要ありません。臨死体験はそのＬＳＤや瞑想状態よりも、超大量のドーパミンが出ている状態のことです。スピリチュアルを信じる人々が思っている死後の世界や臨死体験などは、その程度のことなのです。

祟りとスピリチュアル

日本において古来から怨霊信仰があったように、「死後の世界」と並んで祟りという概念とスピリチュアリズムは深く結びついています。

日本密教の祖と言われる最澄や空海は、国家鎮護のために日本の周りに結界を張ったと言われています。結界も情報空間です。

天台の門跡寺院で得度させて頂いたとき、天皇の玉座を護る儀式などが行なわれていましたが、「これを千何百年も続けているのか」とつくづく感心しました。それが最澄・空海がやっていた、国家を護る結界なのです。

最澄・空海はおそらく大天才でした。当時の日本人の知能レベルから言うと彼らは傑出しすぎていて、その後、誰も大天才の境地に到達していないのだと思っています。それはイエス・キリストやブッダと同じです。天才が出現すると、そこに集い従う人たちに「自分たちは選ばれた人間」というエリート意識が生まれ、自分もイエスやブッダと同じくらい偉いのだと勝手に勘違いする人間が出てきます。仏教やキリスト教がさまざまな形に変質した原因はそこにあると私は思います。

たとえば日本人が描く地獄のイメージは、恵心僧都《えしんそうず》など当時の天台の僧が日本人に教えた脅しです。足のない幽霊の絵もそうですし、地獄絵図などを描いて、「悪業を積むとこうなるぞ」と脅しました。それがいつの間にか、「お寺に寄進しないとこうなるぞ」という脅しになったわけです。地獄絵図の図案は当時の中国の拷問を題材に描かれています。

行者という観点で見れば、最澄・空海が大天才であることは間違いありません。神社にもまだいくつか、結界の存在を感じられるところがあります。もし、それを感じたいなら浅間神社に行って試してみれば、と勧めています。

御殿場のインターから近いところにある浅間神社は古い神社ですが、表浅間と裏浅間とがあって、本当は表裏が逆で裏浅間が表浅間です。敏感な人だったら鳥居をくぐった瞬間に寒々しく感じるでしょう。そもそも神社というのは殺伐としたものなのです。要するに神社、神道は死の穢れを忌み嫌いますから、結界を張って、一切の雑多なもの、穢れた霊が入らないようにするという考えがあったわけです。つまりそれが「結界を張る」という意味です。

私は週一度近くの真言宗のお寺にお邪魔しているのですが、東京のお寺ですから三階から上は全部お墓になっています。墓の中にいるようなものですから、なんとなく雑多で温かいような感じです。お墓嫌いな人にとっては嫌かもしれませんが、私にとっては凄く心地よいものです。仏教的な温かい空間です。逆に、神道は穢れを嫌います。つまり、死を徹底的に嫌うわけです。霊は死を想像させるし、人間や生物であったことのない最初から霊的な存在である鬼神も穢れた存在として忌み嫌います。だから、神道の神社は「死と何の関わりもないよ」というイメージで作り上げているんですが、しかし非常に殺伐とした空間で、そのうえ、人は誰もいないとなると、それこそ逆に本物の死の世界です。普段から気を鍛錬している人、または敏感な人は鋭い冷気を感じますし、鈍い人でも、しばらくいた後で鳥居の外に出ると気温が二度三度変わったくらいに感じるはずです。鳥居を隔てただけですから実際には気温など違わないはずなのですが、鳥居から出た瞬間に生温かいような、娑婆《しゃば》に来たという感じがします。それは、自分の脳内に形成された臨場感が自身の体にホメオスタシス作用して体感として寒々しく感じたわけです。

明治政府による人造神道ではなく、日本に昔からあった古神道というのは、道家との交わりを経たものですから、言ってみれば陰陽師です。日本全土に結界を張り巡らせた最澄・空海ほどではないにしても、自分の神社に結界を張るぐらいのことはやっていたでしょう。伊勢神宮などはかつて巨大な結界の張られた場所だったのでしょうが、今は昔の威力の何分の一しかないようです。

私の想像ですが、おそらく、はるか昔から情報空間に対して脳と心（意志）を使って働きかけることができる能力を人類は持っていて、進化もそれで引き起こされたのではないでしょうか。遺伝子情報が書き換えられるというのはまさにそういうことなのでしょう。

遺伝子が書き換わるというのは、今、思ったこの瞬間に、突然変異で全身の遺伝子が書き換わるという超能力的・オカルト的な現象を言っているのではありません。今こう思ったという強い意志力の継続が情報空間になんらかの影響を与えて、それが自分の先祖の時代から受け継がれて自分になるまでに遺伝子を少しずつ書き換えてきたということであれば、進化の流れの中でつじつまが合うのではないでしょうか。自然淘汰の中での、生命自らの意志による選択です。

人間の脳は、本来、そうした情報空間に対して影響を与えられる能力を持っていると私は思います。その能力を開花させる秘技を三蔵法師らが中国に伝え、そこに留学した唐の時代の最澄・空海が学び、そして密教というひとつの方法論として日本に伝わり、国家鎮護のために彼らが結界を張ったとも言えるでしょう。

祟りはあるのか

実を言うと、たとえ祟りを信じていなくても、将門の首塚を壊そうとすれば「祟られて」しまうと、あなたは思っていませんか。心霊現象や祟りなんてありえないと思いはしても、やはり何か嫌なことが起きるんじゃないかという気になってしまうわけです。祟られない身体を作らなければ、極めて臨場感の高い世界、情報空間がそこに築き上げられていますから、首塚へ行ったその瞬間に気負けするかもしれません。気負けすると祟りが「起き」ます。その「極めて臨場感の高い世界」とは、三井物産の社員たちが作り上げてしまった世界かもしれないし、過去の人々がずっと引きずっていた世界かもしれません。

さて、では本当に将門の怨念は「祟り」となって私たちに影響を及ぼしているのでしょうか。

これは、ひとつは将門の首塚の周囲に形成された臨場感とは何かという問題でもあります。ひとことで言いますと、首塚をとっぱらってしまえば将門の祟り伝説は消えます。三井物産の役員室の椅子は祟りを信じているがゆえに、椅子はどれひとつとして将門塚にお尻を向けていません。それは占いと同じで、社員の人には悪いけどそれはカルトということになるんです。新入社員の頃から定年になるまで、将門塚の横を通り過ぎながら「祟り」のことを考えるわけで、つまり三〇年間洗脳されているわけです。それで、六〇歳のおじさんになったときに役員になる（今だったら五〇歳で役員かもしれませんが）。そのときにはすでに、もの凄い臨場感が各人に形成されているのは当然です。言わばアンカーとトリガーが強烈に仕掛けられていると言えるわけです。

たとえ、社員でなくても、祟り伝説を一度でも聞いてしまったら同調してしまいます。いくら自分では信じていないと思っていても、ウィルスみたいなもので、いったん将門塚のことを聞くと感染してしまう。それが情報空間の強さなんです。信じていなくても祟りの話を知っている、ただそれだけで、その空間の雰囲気に侵されるわけです。まったく信じていない人も「祟られる」かもしれないというのは、そういうことです。

たとえば、神社という存在を何も知らないイスラム教徒であれば、浅間神社に行っても——浅間神社の鳥居をくぐると結界があってキーンと冷気を感じるんですが——そんな結界なんてまったく感じもしないと思います。神社というものの存在をまったく聞いたこともない、いきなり日本にやってきたイスラム教徒ならば結界を感じないが、日本に生まれ育った人は感じる。それはなぜかといえば、日本で生まれ育った人たちの頭の中にはすでに神社のイメージができ上がっていて、その中で一番理想的な神社空間を無意識に持ち歩いており、それが言わばウィルスとして頭の仮想空間の中に貼りついているからです。神道の神主が聞くと怒るかもしれませんが、それだけのことなんです。

もちろん、心の中に「霊」も「あの世」もあっていいのですが、それが実在するかのようなことを言うからカルトなんです。

自分で「祟られる」人々

実際に、霊を信じて戦って死ぬ人もいます。日蓮宗の身延山にいた、あるお坊さんですが、霊を信じて本当に霊と戦い、修行中に死んでしまいました。いくらなんでもやりすぎだろうと思いますが、それも強いホメオスタシスの作用の結果です。たとえば、先ほども触れた聖痕現象というものも本当にあるわけで、イエス・キリストの杭のイメージが強いあまりにホメオスタシスがはたらいて手のひらから血が出てくる人がいるわけです。でも、イエスが杭を打たれたのは手首ですから、本当は手のひらからではなく手首から血が出なくてはいけないはずです。だけど修道女はなぜか手のひらを杭に打たれたと信じていますから、そこから血が出てくるわけです。聖痕現象がなぜ起きるかについての仮説は二つしかありません。ひとつはイエス・キリストが凄くいい人でなおかつ超能力者で、「バカな修道女だなー、俺は手首に杭を打たれているのになぜ手のひらだと思ってるんだ…でも可哀相だから手のひらから血を出してやろう」ということで、手のひらから血を出してくれた場合。それが仮説その一。仮説その二は単にその人の思い込みが激しくて血が出た場合です。

でも二つの仮説のどちらであったとしても、そうなる結果は理論的には同じことなんです。要するに、強い情報処理が身体をも変えるということです。その情報処理を、宗教者は二〇〇〇年前の超能力者か神が起こしているんだと主張し、科学者は今生きている人の脳がそれを起こすのだと言うだけで、情報処理主体をどっちにするかは、それは自由でいいと思っています。なぜなら、物理空間は情報空間の抽象度の低い一部分に過ぎないからです。本人の信教の自由であり内心の自由です。

話を戻しますと、将門の首塚の祟りという情報が入ってしまったらもう負けなんです。先ほどイスラム教徒なら大丈夫といいましたが、仮に、将門塚の話なんか何も知らない中国人なら首塚を壊しても全然平気です。「戦後GHQが将門塚を取り壊そうとしたときも何か起きた」というのは、取り壊しを命じた親分がGHQであっただけで、実際に取り壊そうとしてブルドーザーを動かしたのは変性意識状態に陥っている日本人だからです。当時の大蔵大臣や役人たちが次々死んでいったというのも、死んだ人に後から理由をつけているだけです。みな勝手なストーリーを言うわけで、占いと同じで、自分で心当たりをつけているだけです。人は毎日死んでいくわけですから、ストーリーに連関性をつけようと思えばいくらでもできるんです。

それが「将門の首塚の祟り」の実態です。しかし、実際にはそれに打ち克つのは大変です。まず日本で生まれた人は親や世間に洗脳されていますから勝てません。お宮に行ってお賽銭を投げ込んだことのない人はいないでしょう。しょっちゅうチャリンと投げている人は、もう絶対勝てません。お焼香を一回でもあげた人はアウトです。

しかし、「ではもう、祟りには我々日本に生まれた人間は勝てないのか、お参りし続けるしかないのか」と落ち込まないでください。私の本を読んできちんと実践して自己脱洗脳すれば大丈夫です。将門の首塚など、どうということはありません。どんなに凄くても将門さんもただの人間なんですから、死んだらそれで終わりです。それが続くと思うことがまさに先祖の霊を認めることです。もちろん先祖がいたことは認めていいし、先祖がいなければ今の自分は存在しないんですから、それは感謝すべきことですが、先祖の霊が今ここにいますと言って、本来は魂なんか認めないはずの仏教の家にも位牌があってチーンとやるのは、日本人がみな洗脳済みだからです。そして、それをいいことに一大ビジネスをやっている人たちがいるからです。

スピリチュアルを信じる心の感性と祟りを畏れる人の感性には、あい通じるものがあると私は思います。特に、日本におけるスピリチュアリズムの受容においては、祟りを畏れる心性が手助けとなったことは間違いないでしょう。

「祟り」を洗脳のメカニズムで説明すれば、「祟り」という言葉それじたいがトリガーで、アンカーとは、言わば日本の歴史上に営々と築き上げられてきた臨場感世界です。それは、過去からずっと日本人全体に埋め込まれてきた「死への怖れ」や「穢れ」にまつわるさまざまな迷信であり、一言すれば「日本教」です。

スピリチュアルがますます跋扈《ばっこ》する今の時代に、それと立ち向かうには、まずあなたがそれを認識することから始めなければなりません。互いが互いを洗脳し合い維持し合っているのが今の世間のありようなのですから、まず、あなたがそれに気づけばいいのです。

霊も祟りもありません。祟られる人は「自分で自分に祟っている」のです。

スピリチュアル思想のDNA

そもそもスピリチュアリズムとは何か、どのようにして生まれてきたかを考えるとき、イギリスが源流だ、いやドイツの神智学協会が先だといった議論がありますが、私はスピリチュアリズムのそれぞれの流派が言う内容から、スピリチュアリズムを思想のDNAで見ることが重要だと思っています。つまり主義主張、宗教で言えば彼らの教義から見えてくるものがあるということです。

巷にあふれているスピリチュアル本の類でも、よく知られているのは『シルバーバーチの霊訓』でしょう。「シルバーバーチという約三〇〇〇年前に地上で生活していたことのあるネイティブ・アメリカンの高級霊が、英国人モーリス・バーバネルを通じて大霊（グレート・スピリット）からの人類へのメッセージを語らせる」というものですが、そのメッセージの中味そのものはブッダやキリストが否定した原始宗教です。まず「生まれ変わり」がある。その大前提として「この世にはアプリオリなアートマンという未来永劫の魂があって、それが生き続ける」。何のために魂が生まれ変わるかと言うと、必ず出てくるのが「魂のレベルをアップする」ため。そして「魂のレベルによって行くところが違う」というあの世の階層性の話になってくるんです。それはオウムの言葉でコーザル界・アストラル界などと呼ばれていたものです。

さて、先に明治時代の日本に西欧から伝わったスピリチュアリズムの経緯を見てきましたが、福来助教授たちが広げていったスピリチュアリズムは、新宗教や民衆のカルト教のような形をとりながら、その後何度も盛り上がりを見せます。なぜ、スピリチュアリズムが、人間にとってそれほど魅力的なのでしょうか。その理由はまず、いちばん手っ取り早く死の恐怖を克服することができるからです。「命はあの世でも続いて魂は永遠だから死んでも大丈夫」と信じ込めば解決できるからです。そしてその次にくるのは、「今私は苦しい思いをしている」→「この世での苦しみはあの世での喜びに変わります」というストーリーです。これほど受け容れやすい教義はありません。だからこそ、何度抑圧されようが盛り返してくるわけです。キリスト教がバチカンの公会議で「輪廻転生はない」と否定しなければならなかったほど魅力的な概念です。命は永遠でありたいという欲望を満たしてくれるもの凄くシンプルで、かつ人間の迷信的宗教心に合致した考え方というわけです。「魂の永続性」と「この世の苦しみはあの世の喜び」という二つの論理。これはいちばん単純で、すべてのカルトに共通する教義です。オウムもそうですが、ありとあらゆるカルトはそれを利用しています。それはもちろん自然発生的に生まれてきて、すべての原始的宗教の中にもあるのですが、それを究めて練り上げたのはインドのバラモン教です。そして、それに対して「アートマンなんかない」「ブラフマンなんかない」「空だ」と否定したのが釈迦です。

スピリチュアリストたちは、「病気になったことはあなたの試練で、その分魂が磨かれる」とか、オブラートにくるんだ耳障りのいいことをいっぱい、しかも曖昧に言います。一時凌ぎの安らぎにはなるかもしれませんが、そこには何の哲学も抽象思考も存在しません。もしも死の恐怖があるんだったら死の恐怖に真正面から対峙しなければなりません。仏教用語で言うなら**止観**です。禅もそのためにあるように、自分が克服したいことと徹底的に向き合い、自分の脳を使って抽象的な説明原理を加えて洞察していくことが、人間がやるべきことであるはずです。それを根本的に否定し、人間に「思考停止しろ」と言うのがスピリチュアリズムだと言っても過言ではありません。

その意味でスピリチュアリズムは、現実を変えていこうとか構造変革をしていこうという考え方とはまったく対極です。まさに現状を固定化するために機能しています。従順な人々を作り出していくのにちょうどいい宗教なのかも知れません。そうした時代的要請というか政治的要請のようなものが実は潜在下にある時代が今日だと言えます。かつての八〇年代のスピリチュアル・ブームも、その背景をよく考えてみれば、いわゆる安保闘争とか学生運動が退潮した時で、若い人たちをある種の敗北感や「何をやっても無駄だ」という無気力感が覆っていた時期に到来しているわけです。意図的なものかどうかはわかりませんが、支配するための道具として利用されたところがあると私は思っています。アメリカでヒッピー・ムーブメントが起きたときもその背景にはベトナム戦争があったわけです。

今の日本の状況は、もしかすると江原氏が作る以前にすでに作り上げられていたのかもしれません。実はスピリチュアリズムを志向する人たちの層に目をつけて成功したのが、小泉純一郎さんの有名な「B層戦略」です。それは小泉さんを支持する母体としてニートと呼ばれる人たちや主婦層、普段政治に興味のない人たちを徹底的に取り込もうというポピュリズム戦略です。そのねらいは見事に当たって、選挙ではその層の大半が小泉さんに投票しました。スピリチュアリズムがファシズムに向かうことをまさに体現した現象になりました。

補遺

科学と宗教

科学の進歩と宗教

人はなぜ神という存在を希求するのか。信仰心のメカニズムとは何か——昔の科学者たちは、それは未開の人たちの畏れに過ぎないと理解し、科学技術や文明が進歩すれば宗教はいずれ道端のお地蔵さんのように忘れ去られる時が来ると考えてきました。ところが、科学が進歩すればするほど、いかに人類が無知であるかがわかってきました。限界（limitation）がどんどん見えてくるからです。進歩していない間は適当なことが言えましたが、具体的なことがわかるほど、そうは言えなくなります。機能脳科学にしても、いまだにｆＭＲＩで脳がわかると思っている若い脳科学者がいますが、それは彼らがそのオモチャを手に入れてまだ一、二年しか経っていないからです。私もいたハーバード大のグループは、九〇年代初頭にはｆＭＲＩを最初に発明し散々試してみて、九五、六年にはもう限界がわかってしまいました。ｆＭＲＩでわかる脳のことには限界があります。

ところで、読者の皆さんの中で初めて私の本を手にとってくれた人は、オウムの脱洗脳を手がけた脳機能学者の私が、たびたびブッダの言葉を紹介するのを不思議に思われているでしょう。

機能脳科学の根本的な考え方はファンクショナリズムで、ファンクショナリズムとは関数《ファンクション》の集合体で人の心を表すことができるという考え方です。現在では認知科学と呼んでいます。ただ、認知科学者はファンクショナリズムを過信する傾向があることは否めません。しかし人間は、心と脳が同時一体的に存在しているのですから、記号のみならず準記号・非記号的なレベルまでを含む意味で、脳を研究しないと完璧とは言えません。ですから、伝統的な科学の立場からは対立する概念である脳と機能《ファンクション》を同時に研究するので、機能脳科学と呼んでいるわけです。

さらに、機能脳科学を学ぶ上で哲学的思考は不可欠で、実際、私がアメリカで博士号を受けたのは哲学科からです。

哲学は、宇宙の存在、生命の存在、知識の存在などを突き詰めて思索しますから、本質的には宗教者の行なっていることと変わりません。つまりイエス・キリストもブッダも哲学者としての一面を持っているわけです。しかし、彼らのような大天才がいたことは確かだとしても、その哲学的価値は二〇〇〇年前に凍結したのではないかと私は思っていました。その一方で、元々宗教から発した哲学は、心や物質といった宇宙の本質を思索する学問として育てられています。したがって、人類に幸福をもたらすものは哲学だと、オウム事件以前は考えていました。しかし、オウム事件を経て私の考えははっきりと変わりました。

これまで書いてきたように、「北枕で寝るのは気分が悪い」「ご飯にお箸を突き立てると嫌な気持ちになる」といったレベルの迷信が日本人全体に浸透しているのは確かです。

しかし、こうした迷信じたいは世界中に見られる現象です。日本において特徴的なことは、仏教をはじめとする近代宗教が充分国民の間に浸透しないまま、迷信的思い込みだけが深く残ってしまっていることです。自称「無神論者」は多いのですが、それがカルトへの免疫があることにはなりません。そんなところへ、テレビを代表とするメディアの一部が、心霊現象や超能力をさもあるかのように演出して視聴者を煽り、それが今のスピリチュアル・ブームとなって、二〇代、三〇代を洗脳し続けているという実態があります。

遺伝子をいじったりすることで寿命が永遠になったり、超能力を手に入れることがさも可能であるかのように喧伝するオカルト科学者たちも、彼らスピリチュアル・ブームの担い手たちと同罪です。今と同じようなオカルトブームがはびこっていたオウム事件前の頃に、私がディベートを指導していた上祐もやはり超心理学関連の本を読み漁り、人間を超える存在への憧れを持っていました。私自身、人工知能を作ることができると信じて研究していましたから、それも彼のような超越的存在への憧れからきているものだったのかもしれません。

しかし、オウム幹部たちのような名の知れた大学で科学を学ぶ若者たちに宗教的・哲学的知性は浸透せず、脳内物質のいたずらである現象を神秘体験のように思い込んでカルトにのめりこみ、あのような事件を引き起こすことになったという事実に、私は本当にショックを受けました。さらに、信者たちの脱洗脳を手がけ、オウムの洗脳の実態を目の当たりにして、これでは哲学の成果が人々に浸透するのを待つといった悠長なことは言っていられない、と考えたのです。

それから私は、今後の日本で二度とオウム事件のようなことを起こさないためには、少なくとも今ある伝統宗教がもう一度、積極的な役割を果たすことも必要だと思うようになったわけです。にもかかわらず伝統宗教は、かつてのオウムのような事件を引き起こしたカルト宗教や、いわゆるスピリチュアル教にかえって利用されているありさまです。

輪廻はあるのか

現代になっても、あちこちの自称霊媒師や占い師たちが、「前世の業があなたを不幸にしている」などという常套句を使って脅していることは、周知のとおりです。この前世や来世という考え方の元になっているのが、輪廻、もしくは輪廻転生の概念です。

古代インドにおいては、ウパニシャッドの哲学で人は業により輪廻すると考えられていました。業とは行為のことです。そして生前の業により、死後は、天界、人間界、修羅界、畜生界、餓鬼界、地獄界の六道《ろくどう》を輪廻するという考え方が成立しました。そしてこの輪廻の輪を抜けることを解脱と呼び、これが人間の究極の目標であると考えられていました。

その輪廻の主体がアートマンと呼ばれました。アートマンとは、霊魂や自我と呼ばれるものです。つまりアートマンという実在が何度も業により生まれ変わるというのが輪廻の考え方です。この考え方はそのままヒンドゥー教としてインドで受け継がれ、その後、スピリチュアリズムの幕開けとも言える神智学協会に伝えられることで西洋社会に本格的にインド起源の輪廻の思想が伝えられました。一八七五年にニューヨークで設立された神智学協会は、ドイツ貴族の血を引く父とロシア皇帝の一族の母を持つヘレナ・ブラヴァッキーを中心に設立されましたが、彼女はチベットで密教を学んでいます。その後協会はヒンドゥー教に傾倒し、これにより神智学協会は仏教的教義とヒンドゥー教の業と輪廻の概念を融合した思想を、西洋的な因果律で解釈して独自の思想を作り上げました。有名なクリシュナムルティも神の化身としてこの協会に在籍していました。現在のスピリチュアリズムの教義は神智学協会の時代にすでに完成されていたといっても過言ではなく、スピリチュアリズムにほぼそのまま古代インドの輪廻の思想が埋め込まれているのはこのためなのです。

ところで釈迦はこの輪廻をどう考えたのでしょうか？　まず、釈迦は、アートマンの実在を否定します。これは、縁起の思想と呼ばれますが、すべての存在は縁によって起こっているという思想です。つまりそれだけで存在できるものは何もないという思想です。

阿含教典と呼ばれる最初の仏教経典の自説経（ウダーナ）には以下のように書かれています。

「これがあれば、これがある。これが生ずれば、これが生ずる。すなわち、無明に縁《よ》って行がある。行に縁って識がある。識に縁って名識がある。名識に縁って六入《ろくにゅう》がある。六入によって触がある。触に縁って受がある。受に縁って愛がある。愛に縁って取がある。取に縁って有がある。有に縁って老死・憂・悲・苦・悩・絶望がある。この苦の集積のおこりは、かくのごとくである。」

これが、有名な菩提樹の下で悟ったとされる十二支縁起です。「無明」とは縁起を知らないことと言っていいでしょう。「行」は、業です、「識」は認識です。無明により業に縛られた、誤った認識作用が生まれると解釈すればいいでしょう。十二支縁起の後半になって「取」(具体的な行為)が出てきますので、ここでの業=行為は、前世の業という意味合いで取るとわかりやすいでしょう。つまり、縁起を知らないことにより、前世の業が誤った認識作用を生み出す。それが最終的に「老死・憂・悲・苦・悩・絶望」を生み出すという論理です。

ということは、釈迦は輪廻を肯定したのでしょうか? ミリンダ王問経として知られる、「ミリンダ王の問い」には、以下のように書かれています。

ミリンダ王

「尊者ナーガセーナよ、次の世に生まれ変わるものは何なのですか？」
ナーガセーナ長老
「大王よ、実に名称・形態が次の世に生まれ変わるのです」
ミリンダ王
「この名称・形態が次の世に生まれ変わるのですか？」
ナーガセーナ長老
「大王よ、この名称・形態が次の世に生まれ変わるのではありません。大王よ、この名称・形態によって、あるいは善あるいは悪の行為（業）をなし、その行為によって他の名称・形態が次の世に生まれ変わるのです。」

このように生まれ変わるのは、アートマンとか霊魂と呼ばれるものではありません。生まれ変わるものである「名称・形態」は、縁起による自我を差すと理解すればいいでしょう。仏教用語で名称とは心理的な意味での存在であり、形態とは物理的な意味での存在です。自分とは何かと考えたときに、名前は誰々で、身長が何センチで、体重が何キロで、住所がどこどこで、両親が誰々で…といくらでも説明ができますが、これらの「名称・形態」は皆さんを表す特徴や呼び名であったり、物理的な状態であったり、つまり、皆さんを定義するネットワークのラベルに過ぎず、そのネットワークの中心にいる皆さん自身には、面積も体積もない点に過ぎないというのが縁起の考え方です。もちろん、内省的な心理作用としての自我（名称）も情報的な作用であり、それが実体なわけはありません。

これが、釈迦の言うアートマンは空であるという意味です。どんなに細かく自分を定義しても、それは定義であり、ラベルであり、心の作用であり、自分自身ではありません。つまり自我は実在しないという考え方です。そして、行為＝業がなされることによって、その業によって生まれ変わりが起きるということです。さらに、生まれ変わるのは、「他の名称・形態」と言っています。つまり生まれ変わるのは、あなたの自我＝名称・形態ではなく、別な新しい自我＝名称・形態です。ただその自我は、あなたの行為を引き継いでいるので、生まれ変わりと言うことができるということです。アートマンが固有永続だから それが生まれ変わるのではなく、業が引き継がれるから、別な名称・形態をあなたの生まれ変わりと呼ぶことができるという論理です。業の継続性による生まれ変わり説と言えます。これがヒンドゥー教起源の輪廻と本質的に異なるところです。ミリンダ王の問いは以下のように続きます。

ナーガセーナ長老

「大王よ、或る人が他の或る人のマンゴー樹の果実を盗んだとしましょう。マンゴー樹の所有者が彼を捕えて、王の前に突き出して『王様、この男が私のマンゴーの実を盗んだのです』といった場合に、その男が、『王様、私はこの人のマンゴーの実を盗みはしません。この人の植えたマンゴーの実と、私が盗んだマンゴーの実とは別のものなのです。私は罰を受けるはずはありません』と語るならば、大王よ、その男は罰を受けるべきでしょうか？」

ミリンダ王

「尊者よ、そのとおりです。彼は罰を受けるべきです」

ナーガセーナ長老

「いかなる理由によってですか？」

ミリンダ王

「尊者よ、かれが、たといそのように言おうとも、最初のマンゴーの実を現に見ていないけれども、最後のマンゴーの実に関して、その男は罰を受けるべきです」

ナーガセーナ長老
「大王よ、それと同様に、人はこの名称・形態によって善あるいは悪の行為をなし、その行為（業）によって他の名称・形態が次の世にまた生まれるのです。それ故にかれは悪業から免れないのです」

私がよく説明するのは、空に向かってツバを吐くと自分の顔に戻ってきますが、まさに因果応報です。業（カルマ）を受けたわけです。今度はツバをもの凄い速度で吐き出して、二〇〇年ぐらいして戻ってきたとします。そのツバを顔に受けた人があなたの生まれ変わりということです。あなたはすでに寿命で死んでいますから、ツバを受けた人は別な人です。でもあなたの業を受けたのだからあなたの生まれ変わりです。これが釈迦の論理による生まれ変わりです。つまり、アートマンが永続するから輪廻転生するのではなく、縁起の因果は継続するので、その縁起の対象が生まれ変わりと呼べますよという哲学です。もちろん、誰かが過去にツバを吐いたので、そのツバを顔に受けるためにあなたが生まれてきたのであるという論理でもあります。縁起による業の継続性による生まれ変わり説です。固有なアートマンが継続するからではないという説明です。

十二支縁起の最初の「無明に縁って行があり、行に縁って識があり…」の本質は、ここにあります。宇宙が縁起つまり関係性によって成り立っているということを知らない（無明である）と、前世の業がはたらき、誤った認識作用が発生するという論理です。縁起を知れば、業ははたらかないので、次に生まれてくることはなくなります。つまり輪廻の輪を逃れるということです。バラモンの言葉で言えば、解脱です。これがサトリです。もちろん、縁起を知るということの「知る」は体得するということであり、また、全宇宙の因果を知るということですので、単に「なるほど」という「知る」では足りないことは言うまでもありません。業は、「あるいは善あるいは悪の行為」であり、善と悪の両方です。これの意味することは、現在の生で善業を行なえば、皆さんの前世はダイナミックに善人に変わるという意味でもあります。釈迦の「業によりこの世に生まれてきた」という論理は、過去の誰かの罰または報償を受けに生まれてきたという論理でもあります。これのいいところは、現在、善行をはたらけば、過去に同じようにいいことをした人のご褒美をこの世であなたが代わりにもらえるということです。もちろん、縁起は双方向ですからその逆に悪行をはたらけば、過去の悪人の行為の罰をあなたがこの世で受けるという意味でもあります。その善業が徹底されれば、皆さんの前世は、ナーガセーナ長老のような聖者にダイナミックに変わるという意味でもあります。そうすれば、最高の報償が与えられ、その瞬間に輪廻の輪を抜けるわけです。これが、空海の言う即身成仏でもあります。もちろん、善業が徹底されるという状態は「無明」ではない状態であることは、言うまでもありません。つまり、盲信は何の役にも立たず、徹底的に知能を使う必要があるということです。これを止観と言います。

再び輪廻を問うミリンダ王に、ナーガセーナ長老は続けます。

ミリンダ王
「しからば、尊者ナーガセーナよ、あなたは次の世に生を結びますか？」
ナーガセーナ長老
「大王よ、おやめなさい。あなたはこの問いをしてどうなさるのですか？　私はすでに、『大王よ、もしも私が執着を持っているならば、次の世に生を結ぶでしょう。またもしも執着を持っていないならば、次の世に生を結ぶことはないでしょう』と言ったではありませんか？」

執着を持たないとは、生への執着を持たないということであり、煩悩を超越するということです。つまり無明ではないということです。無明でなければ、業はなく、輪廻もしないということです。

このように、釈迦は輪廻転生そのものを直接的に否定したのではなく、アートマンの非実在を縁起により説き、また、輪廻も業による縁起であるという説き方をしているのです。これにより、当時のインドの社会基盤であった輪廻転生の考え方を活かして民衆にわかりやすく説き、また、解脱すれば輪廻はしないというウパニシャッドの哲学も論理的には活かしたうえで、輪廻そのものも業による縁起であり、無明でなくなれば輪廻はしないと説き、解脱の概念をサトリの概念で書き換えたのです。これによれば、自我が存在するのは、まずは、業による輪廻という縁起があり、そしてそのうえで、ありとあらゆる縁起があり、その結果が自我は存在することになるということです。もちろん、自我が実在するわけではなく、そう思うのは無明だからですということです。

ですから、スピリチュアルな人たちが「前世の業があなたを不幸にしている」と言うのは、「縁起を知らないことで、わざわざあなたは、過去に生きた他人の業を背負っていますよ」という風に理解してあげれば釈迦の論理になるわけです。もちろん、縁起を知るには、まさに自我は空であることを体得してもらわねばならないというのが、仏教の論理です。もしくは、「現在悪業をはたらいているので、過去に生きた他人の罰を受けていますよ」というように理解してもいいでしょう。もちろん、前世の業を解消するのに、お祓いをしたり、霊媒師にお布施をしても何の意味もありません。それこそが無明の業で、ますます業が深くなるだけのことでしょう。また、現在苦しめば、皆さんの魂が磨かれて、業が解消し、来世いいことがありますというスピリチュアルな論理も意味のないことです。

おわりに

生と死とスピリチュアリズム

スピリチュアリズムという言葉は、江原さんの著書によると、心霊主義というイメージでは受け容れられづらいという理由で日本向けに選んだカタカナ言葉だそうです。彼の著書の言葉を借りれば、スピリチュアリズムの正式名称は、「霊的真理」教とでも言うべきでしょう。実際、本書で概観したように、シルバーバーチに代表される、江原さんが影響を受けた米国スピリチュアリズム並びに、彼がセミナーに通った英国スピリチュアリズムの中には、アートマンの永続性（霊魂の不滅）、生まれ変わり（輪廻転生）、本人の業（カルマ）による霊的ステージの階層性の三つの基本的教義が共通して存在することは、すでに述べたとおりです。これは、二五〇〇年前に釈迦が否定した当時のバラモン教の教義の核心であり、その後はインドでの仏教の衰退と共に後期密教以降のインド密教で復活し、そしてチベット密教に引き継がれた教義です。インドでは、ヒンドゥー教としてその後もそのまま継続され、人間差別の最たるものとして有名なカースト制度の基本的で哲学的・宗教的な基盤となる考え方です。

江原さんの著書でも同様なことが中心教義のひとつとして書かれています。曰く、現在苦しみを経験しているのは、「魂を磨く」ためであり、私たちは、そのためにこの世に生まれ、その苦しみをしっかりと経験すれば、来世に素晴らしいことがあるというのが、彼の論理における「カルマの法則」というものです。この論理により、一般の仏教宗派、日本神道、その他の日本の宗教・宗派は、現世利益を約束する誤った宗教哲学であるとの批判が彼の著書全般を通して主張されています。「現世利益」の論理が良いか悪いかは別として、彼の「来世利益」の論理が成り立つ大前提が、今述べたアートマンの永続性、輪廻転生、カルマによる霊的ステージという、バラモン教以降のヒンドゥー教、チベット密教の基本的な論理であるわけです。もちろん、アセンションで代表されるニューエイジ系チャネラーの教義でもあります。これらの論理を釈迦はアートマンを否定することで否定し、キリスト教、イスラム教は輪廻を否定することで否定しています。つまり世界の三大宗教が否定しているのには当然理由があるということです。それは、これらの論理が、絶対的な差別思想を孕んでいるからにほかなりません。個人に固有な性質が何度生まれ変わっても永続的に個人に帰属し、それにより、階層が異なる個人が固定化されるという論理——江原さんの言う「霊的世界の絶対的差別という真理」は、まさにヒンドゥー教がカースト制度を生み出したように、現在生きている人間存在を、霊的ステージによって、「高い」「低い」と判断できるという絶対的な差別の思想を社会に喧伝しているという事実に、江原さん自身も気がついていないようです。カルマという霊的な論理を持ち出すことで、あの世の論理のように聞こえますが、それが語られている対象は現在生きている生身の人間です。

歴史的には、この論理がナチズムを生み出したことは、すでに述べたとおりです。チベット密教の超人思想に憧れたヒトラーが、自分の党のシンボルを「卐」のマークとし、バラモン教起源の思想を根拠に優性遺伝の考え方を展開したのは、あまり知られていないことです。もちろん、ナチズムの展開には、現在の聖書原理主義に通じる「ゲルマン人」選民思想が強くはたらいたことは事実ですが、その背景にヒトラーのチベット超人思想に対する強い憧れがあったということを、しっかりと知っておくべきでしょう。その思想の中心教義が、霊魂の不滅、輪廻転生、霊的ステージの三つです。まさに、霊的真理教、アセンションを問わず現在のスピリチュアリズムの教義そのものです。もちろん、一九九五年のサリン事件を引き起こしたオウム真理教の中心教義もまったく同じでした。これは中沢新一が完成させたものです。この論理から、「現在悪業をはたらいている人間はポア（殺人）してあげる方が、本人のためである」というタントラ・ヴァジラヤーナのチベット密教論理が生まれたという事実をオウム事件を風化させないためにも日本人全員がきちんと知っておくべきでしょう。彼らの論理では、殺されるということで、その人の魂は多いに磨かれ、霊的ステージが一気に上がり、来世はすばらしいことがあるので、本人のためになるということです。まさに、スピリチュアリズム、霊的真理教の論理そのものです。

日本版『ニューズウィーク』(二〇〇七年五月一六日付)の「スピリチュアルと日本人」特集でのインタビューで、江原さんは、「科学がすべてと思うのは、科学という信仰の妄信。スピリチュアルの世界は非科学ではなく、未科学です」と発言しています。「未科学」という言葉の意味は推測するしかありませんが、「科学という信仰の妄信」という言葉は、私たち科学者には見過ごせない発言ですので、最後に考察します。

まず、現在の科学であらゆる現象が説明できるのかと言うと、もちろんそういうわけではありません。物理学はまだ完成していませんし、言語学でも英語や日本語の文法さえまだ解析が終わっていません。それどころか、私たち科学者の記述、分析の道具が数学である以上、数学というシステムそのものに不完全性定理がはたらくことが一九八七年にIBMワトソン研究所のグレゴリー・チャイティンによって証明されましたので、科学は物理宇宙や精神宇宙の「完全な」記述を元々できないことが証明済みなわけです。もちろん、それならば、スピリチュアリズムで記述できるのかというと、スピリチュアリズムもひとつの系である以上、不完全性定理がはたらいていて完全な系ではありえないのは同様です。

そこで何が科学かというと、逆説的なひとつの定義をしてみますと、「科学者の行なっている行為」が科学であるということです。それでは、科学者とは何者でしょう？ 私自身は、科学者とは、「物理宇宙、情報宇宙を問わず、宇宙を形式的に分析、記述する努力を決して諦めない人」と考えています。ここで、形式的とは、現在の科学では、自らの情動や体感をよりどころにすることなく、検証可能な形式的な方法論で解明、数学で記述するということです。「決して諦めない」というのは、たとえ解明することがいまだできなくても、それ自身は、自分自身の能力の問題であり、将来は解明することができると考えて、決して、宗教などの検証不能な論理を吟味せずに受け容れたり、神秘体験と称するような脳内物質のいたずらをよりどころにしないということです。簡単に言えば、「信仰」をしないということです。科学的態度とは、信仰をしない態度のことです。ですから、江原さんのコメントは、科学を根本的に誤解していると思っています。

一方、スピリチュアルと言われるものは、まったくこの逆です。ヒンドゥー教の論理やチベット密教の宗教論理は、まったく非形式な叙事的な記述です。アートマンの永続性、輪廻転生、カルマによる霊性の絶対差別といった事柄は、それらの宗教で主張されているだけであり、まったく検証不能なものです。「未科学」という言葉にはそれが将来検証されるという意味を含ませているものと推測されますが、最新の科学的な知識では、たとえば英国の著名な生物学者R・ドーキンスが言うように、これらの主張は「妄想に過ぎない」というのが結論です。量子論における不確定性原理ひとつをとっても、アートマンの固有な性質の永続性というのは否定されます。もちろん、釈迦の思考実験では二五〇〇年前に論理的に否定されています。

霊魂の不滅や生まれ変わりという事柄が「未科学」と思えるのは、単なる科学的な知識の欠如の結果に過ぎません。物理学が超ひも理論やM理論の時代になっても未完成であることと、物理学的に起こりえない事は起こらないということは、まったく意味が違います。その違いがわからない大人が世界には多すぎます。その前に、いわゆるスピリチュアリズムは、バラモン教の基本三教義をそのまま、丸呑みで「信仰」する宗教であり、その意味だけでも科学ではありえません。本物の科学者は「信仰」しませんから、定義上、スピリチュアリズムは非科学であり、未科学でもありません（もちろん、職業上の科学者が個人的に宗教を信仰することを否定するものではありません）。

このように言うと、スピリチュアリストの人たちが、「確かに非科学であるけれども、スピリチュアリズムのメッセージで人々が幸せに生き、幸せに死んでいけるのだから何が悪いのでしょう」と言っている声が聞こえてきます。何が悪いかと言えば、その優しく、美しく聞こえるメッセージの後ろに、まさに釈迦が否定した、アートマン思想、輪廻思想、絶対差別思想がしっかりと入っているからです。これが、過去にヒトラーを生み出し、戦争を起こし、世界では人種やカーストの差別を生み出し、日本では穢れの思想に代表される差別を生み出し、最近ではサリン事件を引き起こしてきた中心教義なのです。それが悪いのです。そして、それらのメッセージで幸せに生き、幸せに死んでいけると思っている人たちは、幻覚や妄想の世界に取り込まれることによって、幸せになれると勘違いしているだけなのです。もちろん、スピリチュアリズムは来世のご利益しか約束しませんから、今生きている人たちの苦難は、「魂を磨くため」という言い訳を使いますが、それは詭弁です。誰も救われません。

私たちは、こういったカルト教義に絡めとられることなく、生の問題、死の問題に真正面から対峙し、思考し、止観し、そして日々をあるがままに生きることで、本来、幸せな存在なのです。思考停止は確かに簡単です。ただ、本当の安らぎは理性の限界まで考え抜いたうえで初めて訪れるものであり、思考停止による安らぎは、本物の死が訪れるときには一瞬で砕け散るでしょう。さらに釈迦の主張が正しいとすれば、理性の限界まで考え抜いたときには、それを超越する空を体感することだってありうるのです。それがどんな教義であろうと、どんなメッセージであろうと、それを聞いて幸せを感じるとすれば、それは皆さんの脳と心がその幸せを作っているのです。しかし、そんなメッセージがなくても脳と心で幸せは作れます。それが空を体感するということです。

『コスモス』で著名な宇宙物理学者の故カール・セーガンが、亡くなる直前に『科学と悪霊を語る』を出版したのは、オカルトやスピリチュアリズムがやすやすと受け容れられる時代の風潮を危惧したためでした。そして、それらに対する科学者の責任を質《ただ》したのです。彼は科学者の役割をわかっていたということでしょう。

科学とスピリチュアルを分かつものは何でしょうか。科学が未完であるということと、科学者が科学的姿勢を崩すということとは、まったく意味が違います。スピリチュアルとは「間違っていても信じたい」と思うことです。それに対して科学とは、徹底的な吟味をし、自分で打ち立てた考えを自ら批判し懐疑するものだということです。すなわち、「自分の考えはひょっとして間違っているのではないか？」と疑う。つまり、「自分は絶対に正しい」とか「これで安心」といった思考停止をしないということなのです。

さてここまで、スピリチュアルというものについて、さまざまな角度から話をしてきました。スピリチュアルがますます跋扈する今の時代に、それと立ち向かうには、まず皆さんがスピリチュアルの実態を認識することから始めなければなりません。スピリチュアルに囚われない認識力とオリジナルな思考力を身につけることが「本当のあなたの思考」「本当のあなたの夢」を手に入れるための基礎的な技術なのです。賢明な読者の皆さんには、愚かなスピリチュアリズムに絡めとられることなく、真実の人生を歩んで欲しいと思います。

註

＊1　英国スピリチュアリスト協会（Spiritualist Association of Great Britain）
一八七二年に設立された霊媒師（medium）の協会。シッティングと呼ばれる面談をはじめ、「スピリチュアル・ヒーリング」などを行なっている。江原啓之氏が加盟（江原氏の著書『幸福を引きよせるスピリチュアルブック』及び公式サイトより）している団体。

＊2　日本の放送倫理規定運用（宗教宣伝について）
放送倫理規定の運用方針を打ち出した日本民間放送連盟の『CM考査』（一九九六）には、以下の四点が具体的な取り扱い方として示されている。
・布教に繋がらないこと
・科学的根拠に乏しい内容は避ける
・被害やトラブルがないか
・広告主として信頼できる団体かどうか、代表者は誰か
特に最初の「布教に繋がらないこと」は各社共通の方針とされている。

＊3　放送州間協定第七条第八項
ドイツでは「統一ドイツの放送に関する州間協定」と総称される法律のうちの右規

定により、政治的世界観または宗教的性質を持つ広告は原則禁止されている。
http://www.lfk.de/gesetzeundrichtlinien/rundfunkstaatsvertrag/download/RStV.pdf

＊4

福音派原理主義プロテスタント
いわゆる「キリスト教原理主義（ファンダメンタリズム）」は、福音派原理主義プロテスタント、別名で聖書根本主義と呼ばれる。プロテスタントの一派である福音派の一部が保守化して興った。同派の教義を示す代表的な書籍は、ハル・リンゼイによる『今はなき大いなる地球』（原題 *"The Late Great Planet Earth"*）。それによると、地球はハルマゲドンによって必ず滅ぶ運命にあり、その終末において天国へ昇らせてもらえるキリスト教徒にとって地球滅亡は喜ばしいという主張である。右は一八〇〇万部を超える売上を記録した。これを信奉する人々は四〇〇〇万人に及ぶと言われている。彼らの論理によれば地球は滅びの運命にあるので、環境対策などに対して消極的な傾向にある。また、キリストがこの世界に再び来臨すると信じているが、同派の有名なテレビ伝道師故ジェリー・ファルウェルはそれが十年以内に実現すると考えていた。彼はその教義を根拠に、歴史的にキリストがユダヤ人男性として生まれユダヤ人たちに殺されたことから、再臨するキリストを殺す者もまたユダヤ人であるという理屈で「アンチ・キリストは今生きているユダヤ人である」と発言している。一般に福音派原理主義者たちはユダヤ人を「神に選ばれた民」と考え、現在のイスラエルをシオン（神の都）とみなしてその建国を肯定する立場を採るため、ユダヤ人社会とは親和的で密接な繋がりを持っている。ファルウェルは自己の発言に対するユダヤ人社会の動揺に対して、決して反ユダヤの立場を主張するものではないと強弁している。

*5　聖痕現象

物理的な力が加わっていないにもかかわらず、手のひらなどから出血する現象。キリストが磔《はりつけ》にされたときに杭を打たれた場所から出血するということで、その傷を聖痕《スティグマ》と呼ぶ。聖痕現象は、古くは十二世紀のイタリア・アッシジの聖フランシスコが晩年の頃、その身体に現れたと言われている。二〇世紀に入ってからはドイツのテレーズ・ノイマンやイタリアのピオ神父が有名。ピオ神父は聖人としてバチカンから正式に列福されている。

*6　龍樹《ナーガアルジュナ》

『中論（頌）』で釈迦の縁起の思想を説明し、空の理論を大成したと言われる。南インド出身のバラモンと伝えられ、日本では八宗（南都六宗、天台宗、真言宗）の祖とされている。その生涯については記録がなく詳細は不明だが、保護を受けたと言われるサータヴァーハナ朝（アーンドラ朝）は紀元前三世紀（または一世紀）から紀元後三世紀頃まで続いたとされている。

*7　島田裕巳（しまだ・ひろみ）

氏が一九九五年一月に第七サティアンを単独取材して記事を発表してからまもなく

地下鉄サリンが発生し、その後の強制捜査で同施設にサリン製造プラントがあったと明らかにされた。しかしながら、その後の島田氏は、オウムに騙されたことからオウムの問題を研究し続け、オウムに関する唯一の専門著作を執筆した。『オウム—なぜ宗教はテロリズムを生んだのか』（トランスビュー）。さらに『中沢新一批判、あるいは宗教的テロリズムについて』（亜紀書房）も執筆、出版した。この二冊は必読文献である。

＊8　中沢新一のテレビ出演
二〇〇七年四月二七日、NHK総合『爆笑問題のニッポンの教養』「現代人の秘境は人間の〝こころ〟だ」にゲストとして登場。太田光が司会者だった。

苫米地英人 とまべち・ひでと
1959年東京都生まれ。脳機能学者・計算言語学者・計算機科学者・
離散数学者・認知心理学者・分析哲学者。ドクター苫米地ワークス代表、
コグニティブリサーチラボ株式会社 代表取締役CEO、
米国・カーネギーメロン大学博士（Ph.D.）、中国・南開大学客座教授。
上智大学卒業後に三菱地所へ入社。85年からイェール大学大学院で
「人工知能の父」ロジャー・シャンクに学ぶ。
87年に計算機科学（コンピューターサイエンス）で知られる
カーネギーメロン大学大学院へ移籍し、計算言語学の博士号を取得。
在学中に世界初の音声通訳システムを開発した。
帰国後は徳島大学助教授、ジャストシステム基礎研究所所長、
通商産業省情報処理振興審議会専門委員などを歴任。
洗脳・脱洗脳の世界的エキスパートとして知られる。

苫米地英人公式サイト　https://hidetotomabechi.com

スピリチュアリズム

2007年8月15日　初版第1刷発行
2022年3月31日　初版第7刷発行

著者　苫米地英人（Hideto Tomabechi）

発行　株式会社にんげん出版
〒181-0015 東京都三鷹市大沢4-20-25-201
http://ningenshuppan.com/
TEL 0422-26-4217　FAX 0422-26-4218
装丁　千鳥組
印刷・製本　萩原印刷株式会社

ISBN978-4-931344-19-8